心の専門家養成講座⑤

金井篤子 編
Atsuko Kanai

●シリーズ監修
森田美弥子
松本真理子
金井篤子

心理臨床実践の
ための心理学

Professional Psychologist Training Series 5
Psychology for Practice of
Clinical Psychology

ナカニシヤ出版

まえがき

　本書は森田美弥子・松本真理子・金井篤子監修『心の専門家養成講座（全12巻）』の第5巻にあたり，心理臨床実践のための心理学を取り上げている。周知のように，2015年9月に公認心理師法が公布され，2018年には国家資格としての心の専門家の養成カリキュラムがスタートした。大学においては，25科目の必須科目が設定され，多様な心理学の学びが義務づけられている。この動きからも明らかなように，心理臨床実践は「心理学」をベースとすることにより，他領域の学問とは異なる視点を提供し，それをもって社会に寄与することが期待されている。このため，心の専門家がいかに広く，深く心理学の知見，スキルをもっているかは非常に重要である。

　名古屋大学大学院教育発達科学研究科の心理発達科学専攻は基礎心理学系，臨床心理学系合わせて21名の教員で構成され（2020年現在），基礎心理学系，臨床心理学系の科目がともに充実していることが特徴である。これを生かしたユニークな試みとして，後期課程に心理危機マネジメントコースを設置し，その運営に大学院に所属する基礎心理学系および臨床心理学系の教員すべてが関わり，履修生の指導教員を務めるとともに，基礎心理学系の教員と臨床心理学系の教員が複数，スクーリング授業に同席参加するという，本大学院ならではの形態をとっている。本コースの目的は社会のさまざまな場面における心理的危機のマネジメントについての研究，実践であるが，このスクーリング授業では履修者の事例（2018年度まで）と博士論文研究計画を扱い，複数領域の心理学教員の参加により，幅広い視点のコメントが得られるように工夫している。

　本書では，特にこのコースでの実践を通じて重要と考えられた，心の専門家に知っていてほしい，大学では扱いきれない心理学の理論的背景や本質的な考え方を含む，心理臨床実践に有用と考えられる基礎心理学系の知見をまとめた。この間公認心理師養成学部カリキュラムに対応した多くの大学向け教科書が出版されているが，本書は大学院に焦点化し，より心の専門家を意識した基礎心理学の構成および内容となっている点が特徴的である。本書が公認心理師をはじめ，多くの心の専門家に，「心理学ベース」の基盤を提供し，その活動に寄与することとなれば望外の喜びである。

　本書の完成には，ナカニシヤ出版編集部の山本あかね氏に大変お世話になった。末尾ながら，心よりお礼を申し上げたい。

2021年3月　監修者・編者一同

本書で用いる用語について

　本書の執筆にあたっては，心理学を基盤とした「心の専門家」のためのものであることから，心理臨床学研究論文執筆ガイド（日本心理臨床学会学会誌編集委員会編，2012）を参考にしながら，原則として以下のように用語を統一することを心掛けた。

　○医学用語である「診断」「治療（者）」「患者」「症例」などは可能な限り避け，「アセスメント／心理査定／見立て」「面接／援助／支援」「セラピスト／面接者」「クライエント／来談者」「事例／ケース」などとした。

　○心の専門家の仕事を包括的には「心理臨床（実践）」とし，技法として「心理療法」，個別の事例場面では「（心理）面接」という言葉を用いた。

　○「養育者」「保護者」「親」については，対象が成人である場合と子どもの場合，さらには学校，福祉，医療といった領域によって異なると考えられたため，それぞれの章の中で統一を図ることとした。

　○なお，文献の引用部分や，面接における発言については，この限りではない。文脈によって異なる場合があることをご了解いただきたい。

目　　次

1

心理臨床実践のための心理学

金井篤子

●社会からの心理学への期待

　周知のように，平成27（2015）年9月に公認心理師法（平成27年法律第68号）が公布され，平成30（2018）年には国家資格としての心の専門家の養成カリキュラムがスタートした。心理学領域における初めての国家資格である。国家資格ゆえに，その養成カリキュラムは明確に定められており，特に大学においては，25科目の必須科目が設定され，多様な心理学の学びが義務づけられた。この動きからも明らかなように，公認心理師は「心理学」をベースとすることにより，他領域の学問とは異なる視点を提供し，それをもって社会に寄与することが期待されている。このため，心の専門家がいかに広く，深く心理学の知見，スキルをもっているのかは非常に重要なことである。

●公認心理師における「心理学」の意味

　公認心理師法において，「公認心理師」は以下のように定義されている。「公認心理師登録簿への登録を受け，公認心理師の名称を用いて，保健医療，福祉，教育その他の分野において，心理学に関する専門的知識及び技術をもって，次に掲げる行為を行うことを業とする者をいう。① 心理に関する支援を要する者の心理状態の観察，その結果の分析，② 心理に関する支援を要する者に対する，その心理に関する相談及び助言，指導その他の援助，③ 心理に関する支援を要する者の関係者に対する相談及び助言，指導その他の援助，④ 心の健康に関する知識の普及を図るための教育及び情報の提供」（第2条，下線は筆者）。ここでは，「心理学に関する専門的知識及び技術をもって」と明記されている点に注目すべきであろう。前後するが，公認心理師法第1条には，この法律の目的として，公認心理師の資格を定めて，その業務の適正を図り，もって国民の心の健康の保持増進に寄与することを目的とする（下線は筆者）とあり，公認心理師の役割として，「国民の心の健康の保持増進に寄与すること」が期待されていることがわかる。

　このように公認心理師は「心理学に関する専門的知識及び技術をもって」「国民の心の健康の保持増進に寄与すること」をその使命とする。この点は非常に重要である。国民の心の健康の保持増進に寄与する学問領域はほかにもたくさんあるからである。代表的なものとしては，医学，看護学，保健学，福祉学などが挙げられるが，これらに限らず，さまざまな学問領域が国民の心の健康の保持増進に寄与することに関わっているのである。この国民の心の健康の保持増進については，多学問領域の協働の重要性が既に言われていることである（たとえば，窪

田, 2009) が, この協働においては, それぞれの学問領域がそれぞれの視点から知見を出し合うことが重要になる。ここでは, それぞれの専門性が問われることになり, 公認心理師には, 心理学の専門性に基づいた独自の知見やスキルの提供が期待される。すなわち, 公認心理師は国民の心の健康の保持増進のため, 関連する学問領域である, 医学や看護学, 保健学, 福祉学, 教育学などとは異なる視点を提供できているのかを, 常に意識する必要がある。異なる視点が提供できないのであれば, 存在する意味がないのである。もちろんこれはやみくもに他学問領域の知見に異議を唱えるということではない。協働の場においては, それぞれがそれぞれの専門性に基づいて, その専門性を尊重し, 対等に知見を交換する必要がある。他の学問領域とのやみくもな対立や, その逆に忖度などがはびこれば, 真の国民の心の健康の保持増進は実現されないからである。

◉心理臨床における「心理学」

ところで, これまで心理臨床実践においては, 心理学の中でも臨床心理学のアプローチが中心であった。このアプローチは, 上述の公認心理師が法制化されたことを見ても, 一定の評価を得てきたと考えられる。しかし, 社会の複雑化などにより, 臨床心理学の知見のみでは十分な支援が実現できない状況も生まれつつある。以下に述べるように, 心理学は臨床心理学以外にもさまざまな領域に幅広く展開してきた。臨床心理学の知見のみでは十分な支援が実現できない状況に対し, 臨床心理学以外の心理学が有効な知見を提供する可能性がある。また, これまでの心理臨床実践の幅を広げる可能性もあるだろう。逆に言えば, これまで心理学は心理臨床実践において十分生かされてこなかったのである。公認心理師が誕生したことは心理学に対する社会からの大いなる期待を示している。そういった期待に応えるためにも, 心理臨床実践に心理学全体の知見やスキルを生かしていくことは重要である。

◉心理学の専門性の学び

以上のように, 心理学の専門性が公認心理師の存在意義に関わることが示されたが, ではこれをどのように身につけていけばよいのであろうか。公認心理師法施行規則 (平成29年文部科学省・厚生労働省令第3号) には, 公認心理師となるために必要な科目が定められている。具体的には, 大学が25科目 (表1-1), および, 大学院が10科目 (表1-2) である。大学院は, 心理臨床に必要な理論と実践にシフトした科目群となっているため, 心理学を幅広く習得するには大学の科目が要_{かなめ}となっていることがわかる。実際, 大学が, 公認心理師試験出題基準大項目 (およびブループリント) (日本心理研修センター, 2020) とも対応している。

この公認心理師試験出題基準大項目について, 従来の心理学の領域と比較対照しているのが, 表1-3である。左欄は公益社団法人日本心理学会の学術大会の発表領域となっている。日本

表1-1　大学における公認心理師となるために必要な科目

①公認心理師の職責	②心理学概論	③臨床心理学概論	④心理学研究法
⑤心理学統計法	⑥心理学実験	⑦知覚・認知心理学	⑧学習・言語心理学
⑨感情・人格心理学	⑩神経・生理心理学	⑪社会・集団・家族心理学	⑫発達心理学
⑬障害者・障害児心理学	⑭心理的アセスメント	⑮心理学的支援法	⑯健康・医療心理学
⑰福祉心理学	⑱教育・学校心理学	⑲司法・犯罪心理学	⑳産業・組織心理学
㉑人体の構造と機能及び疾病	㉒精神疾患とその治療	㉓関係行政論	㉔心理演習
㉕心理実習			

表1-2　大学院における公認心理師となるために必要な科目

①保健医療分野に関する理論と支援の展開	②福祉分野に関する理論と支援の展開
③教育分野に関する理論と支援の展開	④司法・犯罪分野に関する理論と支援の展開
⑤産業・労働分野に関する理論と支援の展開	⑥心理的アセスメントに関する理論と実践
⑦心理支援に関する理論と実践	⑧家族関係・集団・地域社会における心理支援に関する理論と実践
⑨心の健康教育に関する理論と実践	⑩心理実践実習

心理学会は，日本の心理学系学協会のうち，心理学の領域をおおむね網羅している学会である。2019年開催の日本心理学会第83回大会（2019年9月11日～13日於立命館大学）の発表論文集の発表領域と発表数を見てみると，2019年度は20の領域が設定されており，総計1,040の発表があった。このうち，最も発表数が多かった領域は，社会，文化の196件である。次いで，臨床，障害164件，認知125件，発達111件，教育108件と続く。右欄には，これらの領域に対応する公認心理師試験出題基準の大項目が示されている。これを見ると，公認心理師の出題基準の大項目には，臨床心理学のみではなく，従来の心理学の領域がほぼ網羅されていると考えられる。ここからは心理学に対して，臨床心理学だけでなく，心理学全般に対する期待が見て取れる。これは大いに歓迎すべき動向と言えよう。

　しかし，一方ではこれらの大項目の構成が，従来の心理学の領域体系とは異なる部分があることに注意が必要である。特に，⑦知覚・認知心理学，⑧学習・言語心理学，⑨感情・人格心理学，⑩神経・生理心理学，⑪社会・集団・家族心理学，⑯健康・医療心理学，⑱教育・学校心理学，⑲司法・犯罪心理学，のいわゆる・（中黒）科目と呼ばれている科目は，中黒でつながれてはいるが，もともとは別々の系譜をもつ心理学である。たとえば，⑪社会・集団・家族心理学は，それぞれ社会心理学，集団心理学，家族心理学から構成されている。社会心理学と集団心理学は系譜を共有していることもあり，研究内容も重なっていることもあるが，家族心理学はこの2つとはかなり異なる系譜をもっている。科目の設定の都合により，このような集約が行われたのであるが，広く心理学を基盤として活動することを考えれば，それぞれの心理学の系譜とその独自の知見について理解しておく必要があろう。なお，⑳産業・組織心理学は産業心理学と組織心理学のそれぞれの系譜をもつものの，国際的にも早くから統合されており，日本でも産業・組織心理学会が設立されてすでに35年を経過していることから，これを1つに扱うことには問題がない。

　もう1つ注意したいこととして，公認心理師試験出題基準には，大項目の下に，さらに中項目，小項目と，細分化された，身につけることが要求される概念が明示されているが，これらを見るに，かなり項目が限られており，心理学そのものを標榜するには十分とは言えないのが実際である。この点をカバーするため，日本心理学会がそのホームページ上で，公認心理師の標準シラバスとして，公認心理師大学カリキュラム標準シラバス（2018年8月22日版）（日本心理学会，2018）と，公認心理師大学院カリキュラム標準シラバス（2020年1月21日版）（日本心理学会，2020）を公開しているのでぜひ参照されたい。

　そして，心理学の専門性の学びにおいて，このことが最も重要であるのだが，これまで臨床心理学を中心に実施されてきた心理臨床実践に，臨床心理学以外の心理学をどのように生かしていくのかということである。先にも述べたように，心理臨床実践は臨床心理学を中心に展開してきた。このため，臨床心理学のみの学びで心理臨床実践を行っている場合もある。もちろん，臨床心理学の知見も広く，深いものであり，習得にはそれなりの年数と研鑽を必要とする

ため，これも致し方のない部分もあったと思われる。しかし，そのことが心理臨床実践の可能性を狭めていたことも否定できない。今後は臨床心理学だけではなく，心理学の知見とスキルをもって，心理臨床実践を行っていく必要がある。その時，一見すると，基礎心理学や臨床心理学以外の応用心理学は心理臨床実践の現場からは遠く離れているように思われるだろう。しかし，それらの理論を理解し，そういった物事の見方を身につけてこそ心理学の専門性を身につけたと言えるのである。それはたとえば，心理学的視点からの人間理解であったり，心理学

表 1 - 3　心理学の領域と公認心理師試験出題基準大項目との対応（金井，2020）

	領　域	公認心理師試験出題基準大項目との対応
1	原理，方法（20）	⑤ 心理学における研究 ⑥ 心理学に関する実験
2	人格（39）	⑨ 感情及び人格
3	社会，文化（196）	⑪ 社会及び集団に関する心理学
4	臨床，障害（164）	③ 多職種連携・地域連携 ④ 心理学・臨床心理学の全体像 ⑬ 障害者（児）の心理学 ⑭ 心理状態の観察及び結果の分析 ⑮ 心理に関する支援（相談、助言、指導その他の援助） ⑯ 健康・医療に関する心理学 ⑰ 福祉に関する心理学 ㉑ 人体の構造と機能及び疾病 ㉒ 精神疾患とその治療 ㉔ その他（心の健康教育に関する事項等）
5	犯罪，非行（17）	⑲ 司法・犯罪に関する心理学
6	数理・統計（6）	⑤ 心理学における研究 ⑥ 心理学に関する実験
7	生理（27）	⑩ 脳・神経の働き
8	感覚，知覚（37）	⑦ 知覚及び認知
9	認知（125）	⑦ 知覚及び認知
10	学習（8）	② 問題解決能力と生涯学習 ⑧ 学習及び言語
11	記憶（44）	⑧ 学習及び言語
12	言語，思考（22）	⑧ 学習及び言語
13	情動，動機づけ（50）	⑨ 感情及び人格
14	行動（12）	
15	発達（111）	⑫ 発達
16	教育（108）	⑮ 心理に関する支援（相談、助言、指導その他の援助） ⑱ 教育に関する心理学
17	産業，交通（22）	⑳ 産業・組織に関する心理学
18	スポーツ，健康（12）	⑯ 健康・医療に関する心理学
19	ジェンダー（15）	
20	環境（5）	
		① 公認心理師としての職責の自覚 ㉓ 公認心理師に関係する制度
	（　）内は発表数（総計1,040）	

的視点からの現象の分析や評価であったりするのである。そういったことを通じてこそ，国民
の心の健康の保持増進のための協働に参加する意義が出てくるということを意識しておきた
い。

◉本書の構成

　本書は，本章を含め，心理学研究法（第2章），計量心理学（第3章），認知心理学（第4章），
学習心理学（第5章），パーソナリティ心理学（第6章），神経心理学（第7章），乳幼児・児
童心理学（第8章），思春期・青年心理学（第9章），成人期・老年期心理学（第10章），社会
心理学（第11章），産業・組織心理学（第12章）から構成されている。いずれも興味深い知見
が取り上げられており，心理臨床実践に大いに役立てていただきたい。

　以上，本書では，大学のカリキュラムを修了した大学院学生や実務家を対象として，臨床心
理学だけではない心理学の知見を心理臨床実践に生かすために，大学のカリキュラムでは取り
上げきれない，心理学の理論的背景や本質的な考え方を含む知見をまとめた。もちろん，本書
で取り上げた心理学の知見は，紙面の都合で限りあるものである。このため本書が，本書では
取り上げられなかった心理学の知見をさらに掘り下げる学習のきっかけとなれば幸いである。

　深く掘り下げられた，臨床心理学にとどまらない幅広い心理学の知見が，心理学の専門性を
ベースとした心理臨床実践の新たな可能性を拓くと確信している。

引用文献
金井篤子（2020）．職場のメンタルヘルスにおける心理学　産業精神保健，*28*，29-33.
公益社団法人日本心理学会（2018）．認心理師大学カリキュラム標準シラバス（2018年8月22日版）https://psych.
　　or.jp/wp-content/uploads/2018/04/standard_syllabus_2018-8-22.pdf（2020年11月10日閲覧）
公益社団法人日本心理学会（2019）．日本心理学会第83回大会発表論文集（2019年9月11日〜13日立命館大学開催）
公益社団法人日本心理学会（2020）．公認心理師大学院カリキュラム標準シラバス（2020年1月21日版）https://
　　psych.or.jp/wp-content/uploads/2019/10/standard_syllabus_g_2020-1-21.pdf（2020年11月10日閲覧）
窪井由紀（2009），臨床実践としてのコミュニティ・アプローチ　金鋼出版
一般財団法人日本心理研修センター（2020）．第3回公認心理師試験「出題基準」（ブループリント（公認心理師試験
　　設計表）を含む）http://shinri-kenshu.jp/wp-content/uploads/2017/10/blue_print_201912.pdf（2020年11月10
　　日閲覧）

2

実験や調査で何がわかるか
（心理学研究法）

光永悠彦

　本章では，心理学における科学的な研究手法とはどのようなものかについて，仮説立案から実験計画，分析と結果の解釈に至るまでについて述べる。科学的な心理学研究法を理解するためには，心的過程をモデル化し，一般性をもった議論をするという考え方が重要である。

◉心のモデル化とは何か
（1）目に見えない「こころ」の背後にある心的過程を探る

　1）心理的な現象を説明する「心的過程」　　人間はふだん，さまざまな振る舞いをする。笑顔を見せたり，涙を流したりといった振る舞いのそれぞれについて，その理由を説明するためには，われわれ一人ひとりに共通した「こころ」の存在を仮定するアプローチがある。

　しかしながら，心がこの世の中に実在している，ということですら，われわれにとっては仮定の域を出ない。誰にとっても，心はその存在を目にすることができない。目にすることができないものを題材に何かを説明することは，その説明の仕方を工夫しなければ，説得力をもち得ないであろう。

　たとえば，ある人が涙を流したという物理的に観測できる現象に対して，心がそうさせたのだという理由づけは簡単であるが，その人がどのような経験をし，どのような事象にふれたのかを考慮し，その経験や事象が生物としてのヒトにどのような影響をもたらしたのかを考えなければ，真の涙の理由は説明できない。単に目にゴミが入ったことによる生理的な原因で涙を流したのかもしれない。心の働きが原因で涙を流すという現象がどのヒトにも普遍的に観測されるなら，涙が出るまでのメカニズムを「心的過程」としてとらえ，その詳細な心理的メカニズムを検討することになろう。しかし，そのメカニズムもまた，人間の目には見えない。

　2）「現象」から導き出される「本質」　　軽い金属片にひもをつけて引っ張ると，金属片は動く。これは力がひもを介して金属片に及んでいるためであり，力の働きが私たちの目で観察できる，わかりやすい例である。その一方で，何らかの力が及ぶありさまが目に見える場面に見慣れているわれわれからすれば，磁石がある種の金属をひきつける現象のように，目に見えない力が及んでいるありさまは異様に映るかもしれない。しかし，磁石と金属との間に磁力が働いていることと，磁力は目に見えないものであるが，ある種の物体に対し力を及ぼす物理現象であることという2つの共通理解が私たちの間にあれば，目に見えない現象であってもその

原理を説明することは可能である。

　「磁力」だけではなく，関連する力学的概念，たとえば「力」「速度」「エネルギー」といった概念を導入したうえで，さまざまな物体について磁力がどのような影響を及ぼしているかを実験・観察することによって，われわれの目に見えない力に関してであっても，一般性をもった物理的法則を導き出すことができる。それこそが物体のありさまや振る舞いを示す「本質」であり，本質を現象から検証することが研究の過程である。

　心理学的な現象であっても同様に，その原理を説明するような一般性をもった心理的な法則を考えることによって，人の行動や振る舞いの説明をすることができ，心の本質に迫ることができるであろう。心の働きは目に見えないものであるが，泣いたり，笑ったり，怒ったりといったわれわれの感情行動を一般的に左右する原因として，人間に共通の心の働きがあるとすれば，実験や調査で観測された現象を手掛かりにその詳しいメカニズムを探ることで，人間の行動を説明できるであろう。

(2) 演繹的推論と帰納的推論：仮説検証のための2つのプロセス

　1）演繹的推論　　ある現象に対する説明づけをしようとする時，その現象に関連する法則を定め，法則が現象にどの程度適用できるかどうかを判断・推測していくような研究を「演繹的推論に基づく研究」と呼ぶ。磁力に関する現象として「間に物体があっても磁力が及ぶ」という仮説を題材に研究するなら，研究者はまず，既存の法則（磁力の法則）から仮説（紙コップの中に入った鉄板に磁石を近づけると，紙で遮られていたとしても鉄板は磁石にひきつけられる）を立て，次に実験により仮説が検証されるかを確かめる。大きな法則を見出したのちに，それらを個別事例に適用していくということで，トップダウン的手法であると言える。

　2）帰納的推論　　一方，心理学の研究は，そのようなトップダウン的手法ではなく，ボトムアップ的手法をとる場合が多い。心理学における研究のための作業仮説は，われわれが何気なく感じている生活上の実感や，人間の振る舞いを他者の視点から観察したうえで得られる手掛かりをもとにして組み立てられやすい。

　たとえば，人間は緊張を強いられた時にまばたきが多くなりやすい，というような個別の心理現象を観察し，本当にそうなのかを人工的に緊張をもたらす場面を設定する実験によって確かめ，それらに類似した心理現象，たとえば悲しいことを想起した時もそうなのか，疲労を感じている時はどうか……についても実験し，どのような時にまばたきが多くなるのかについて法則性を蓄積していく。こうして，まばたきに関する法則性を見出していくのである。このような，小さな個別事例に関する説明の集積を束ねて大きな法則性を見出していく研究を「帰納的推論に基づく研究」と呼ぶ。

　3）現象を説明するための枠組み　　心理学の研究では，心と振る舞いの関係性を一般的に説明するような「説明のための枠組み」を考える。心理学で取り扱う，心的過程に関する説明の枠組みにおいては，われわれ人間の心に関する個別事例的現象が出発点となっていることから，研究関心を法則化する場合は帰納的推論により説明のための枠組みが組み立てられる。それに対し，ある程度の知見が蓄積されており，法則性が知られている心的過程に関する研究は，演繹的推論に基づいて説明の枠組みを精緻化する。普遍的で一般性の高い法則性を明らかにす

るためには，演繹的推論と帰納的推論のどちらがより優れているといったようなことはなく，明らかにしたい法則性の性質によって使い分けることになる。

(3) 一般的・普遍的な説明をするための科学的方法とエビデンスレベル

1）科学的な研究と心理学：カウンセリング研究の例　心理学は「こころの科学」と呼ばれるように，研究者にとって，科学的であろうとする研究態度が重要視される。研究の方法がどの程度科学的と言えるかによって，結果の科学的な妥当性が左右される。同じ結果であっても，科学的であると言える度合いが高い研究から導き出された結果もあれば，低い研究からの結果もあり得る。心理学においては実験法や調査法，事例検討法といった研究手法が用いられるが，ここでは実験法と調査法の違いについて，得られる結果の確からしさという観点から説明する。これら2つの手法を取り上げたのは，結果の確からしさに関する読者の直感的理解を促すためであり，他の研究手法においても結果の確からしさを考えることが求められる。

　あるカウンセリング手法により，うつ症状が改善するかどうかを検証する，という場合を考えてみよう。研究方法の1つとして，同程度のうつ症状を訴えるクライアント群から一定数のクライアントをランダムに抽出して2群に振り分け，新しいカウンセリング手法と旧来の手法のいずれかを施す方法が考えられる（方法A）。あるいは新規にクリニックへ来談したクライアントに対して，新旧二種のカウンセリング手法のいずれかをカウンセラーの判断で施す研究方法も考えられよう（方法B）。方法Aでは，カウンセラーの意志によらずに，いずれの手法をとるかが患者ごとにランダムに決定される。それに対し方法Bでは，研究者の手によらずに，カウンセラーの判断でいずれの手法をとるかが決定されることに違いがある。

　方法Bをとる場合，カウンセラーからすれば，新しいカウンセリング手法によりうつ症状の改善が顕著に見られそうな患者に対して，積極的に新しいカウンセリング手法を施そうとするであろう。仮に新しいカウンセリング手法がうつ症状の改善をもたらすという結果が得られたとしても，新しいカウンセリング手法がうつ症状をより改善させるクライアントかどうかをカウンセラーが見抜けるかどうかに依存して，その結果は変わり得るであろう。

　この研究で検証したいことは，カウンセラーが誰であっても，一般的に「新しいカウンセリング手法は旧来の手法に比べて確かにうつ症状を改善させる」ということである。カウンセラーの質によって結果が変わり得る方法Bの手法は，得られる結果に不確かさが残るものとならざるを得ない。

2）ランダム化比較試験とエビデンスレベルの程度，研究倫理　方法Aは，クライアント群をランダムに2群に分け，それぞれの群に対して異なる処置（新旧2種のカウンセリング）を施すという研究計画である。この場合，カウンセラーの違いによって結果が変わり得るということがない。すなわち，結果の不確かさがより少ないことが期待される。方法Aは「ランダム化比較試験」（randomized controlled trial, RCT）と呼ばれており，方法Bのようにランダムな割り付けを行わない場合に比べて，科学的根拠の確からしさが高いことが知られている。

　一般に，研究から得られる結論の確からしさの高低は「エビデンスレベル」と呼ばれる。妥当に計画されたランダム化比較試験は，より一般性の高い科学的根拠をもたらすことが知られている。前例で言えば，方法Aの手法が方法Bに比べてエビデンスレベルの高い研究であると言えるであろう。

　ただし，エビデンスレベルが高いからと言って，その研究計画を安易に実行してはならないこともまた事実であろう。方法Aは，カウンセラーの説明に基づき，クライアントの望む面談を受ける権利を無視している。インフォームド・コンセントの原則に背く研究計画は，倫理的にも法的にも認められないであろう。実際には，研究実施に先立ち倫理審査が求められているため，方法Aが実施されることはまずない。

　実験的手法や調査的手法をとる研究は，科学的に見て結果の妥当性に高低が見られるが，「科学的である」「科学的ではない」といった二分法の議論ではない（伊勢田，2003）ことに注意が必要である。科学的な研究はその結果の確からしさにグラデーションがあり，研究者が研究計画を立てる際，自らが立てる研究計画がどの程度の確からしさをもたらすかについて自覚的である必要がある。そして，倫理的に許されると判断される範囲内で，高いエビデンスレベルとなるように，研究計画を工夫することが求められている。

（4）研究に付随するバイアス

　1）バイアスとは何か　　研究方法としてエビデンスレベルが高い手法をとったとしても，実施手順に不備があったり，実施計画が不適切であったりした場合，実際に得られる結果に本来得られるはずだった結果から偏りが生じ，結果が真実を表さなくなることが予想される。

　研究を対象とする母集団全体の縮図となるようなサンプルを得ることができれば，このようなズレは小さくできるが，母集団のもつ性質とサンプルのもつ性質が異なることが原因で，結果に偏りが生じることが多くある。このような偏りは「バイアス」と呼ばれ，どのような研究手法をとったかにかかわらず，結果の解釈をするうえで考慮しなければならない要素である。

　2）バイアスをもたらす諸要因　　バイアスとして考慮されなければならない要素としてはさまざまなものがあるが，統計的に重要な要素として「サンプリングバイアス」が挙げられる。調査対象者を選定する際，現実の縮図になるようにサンプル（標本）をとる必要があるが，一部の性質をもつ調査対象者からしか選ばれなかったとしたら，結果の一般性に疑問が生じるであろう。たとえば日本人全般に効果が見られるとされる心理療法の効果を検討するために，大学生のサンプルからしかデータをとらないのであれば，その結果は大学生以外の者を対象としたときにも適用できるか，疑わしいものとならざるを得ない。

　またサンプルの偏りが小さかったとしても，本来，実験者・調査者が知りたかった事柄を的確に問うていない実験・調査内容であることもまた，バイアスの原因となる。測りたい概念を的確に測定している程度を検討することは測定の妥当性の検証と呼ばれるが，バイアスの概念は調査の妥当性の考え方と関連しており，実験・調査を計画する段階で十分に検討しておかなければならない。

●データに基づいた論証の必要性

（1）実験的手法による研究

　1）実験的研究とは何か　　科学的な研究のための手法には実験や調査，観察といったさまざまなものがあるが，より科学的に確からしい結論を導くための研究として，エビデンスレベルが高い研究が志向されるようになってきている。そのためには，実験的手法をとる場合が多い。

　心理学における実験的手法による研究では，研究者（実験者）が仮想的に状況を設定し，その状況下に実験参加者をおいたうえで，実験者が何らかの指標をデータとして収集する。仮想的に設定した状況のバリエーションを変えながら，データを収集することで，状況が違うという要因により得られたデータがどのように変わるかを検討する。

　2）実験的研究の例：ミルグラムの実験　　心理学の実験で有名なものに，ミルグラムの実験がある（Milgram, 1974 山形訳 2008）。この実験では，実験参加者は実験者と同室に入り，隣の部屋にいる別の実験参加者に対し，隣室の実験参加者が回答を誤った時に電気ショックを与えるように教示された。電気ショックは回答を誤るごとに高い電圧となり，最終的には命の危険があることを暗示させるレベルであった。実験者は隣室の参加者に課題を提示し，回答を誤るたびに同室の参加者に目の前にある電気ショックを与える機械を操作させた。実は隣室の参加者は，回答を誤ることも，電気ショックを与えられた時に肉体的苦痛を訴えることもすべて演技で行うように教示された，いわゆる「サクラ」であった。このような状況下で，同室の参加者が実験者の教示をどこまで受容し，電気ショックの操作を続けるかがデータとして収集されたのである。当然，同室の参加者は隣室の参加者がサクラであることを知らなかった。

　この実験では，実験参加者が高い電気ショック値まで進んだ場合，実験者に対して服従する傾向が高いと解釈できるだろう。その意味で，この実験は人間が服従する程度を測るための実験であると言える。ただし，実験参加者の属性やおかれた状況などによって，服従の程度は変わるかもしれない。たとえば，同室の参加者が男性であるという条件と，女性であるという条件で，最終的に与えた電気ショックの強度について，異なる結果が得られる可能性がある。すなわち，男性と女性の間でパーソナリティ特性が異なるという，これまでの研究の蓄積から導き出される作業仮説である。参加者の性別の違いをコントロールすることで，電気ショックの強度は結果として変わり得る。すなわち，実験者が何らかの要因（この場合は性別）を操作することで結果（この場合は電気ショックの値）が変わり得ることが予想される。

　3）独立変数と従属変数　　一般的に，実験的手法をとる研究においては，実験者が実験状況を用意しておき，その状況下である要因を操作することで，結果となる変数がどのように変わるのかを観測する。ここで操作の対象となる要因に関する変数を「独立変数」，結果として変わる変数を「従属変数」と呼ぶ。先の例では，独立変数が同室の参加者の性別，従属変数は電気ショックの値であり，独立変数は「男」「女」という2水準である。一般的に，着目している独立変数の要因が質的に異なるいくつかのカテゴリからなる時，その要因に含まれるカテゴリを「水準」と呼ぶ。また，これらの変数間の関係性について，実験状況から予想される結論を「作業仮説」と呼ぶ。実験を行うのは，作業仮説を検証するために他ならない。

　先に述べたRCTは，研究の対象者（実験参加者）をランダムにいくつかのグループに分け，それぞれのグループに対して別々の処置を施し，処置の違い以外の状況を同じように統制した状態で従属変数を観測するような実験的研究の方法を指す。この場合，独立変数はグループ分けしたカテゴリ条件の違いということになる。

　4）実験的手法のメリットとデメリット　　実験的手法を用いることのメリットとして，再現可能性が評価できるという点が挙げられる。ミルグラムの実験においては，文化の違いによっ

て結果が異なるかもしれないと考えた実験者がいた場合，別の文化圏において同じ実験手法（実験パラダイムと呼ぶこともある）を繰り返せば，文化差による従属変数の違いを検討することで，服従の効果の大きさについて検証できるということである。

　一方で，実験状況から一般的な法則を導き出す際に限界があることが，デメリットとして挙げられる。先のミルグラムの実験では，実験室における実験者と実験参加者という関係性が服従の心理を生んだ。しかし，たとえば職場における上司と部下の関係性や部活動における先輩と後輩の関係性も同じ図式で説明できるかについては，実験状況と現実場面の違いゆえ，この実験結果から確からしい結論を導くことは難しいであろう。もう1つの問題点として「剰余変数の統制」という点も挙げられるが，それについては後述する。

(2) 調査的手法による研究

　1）調査的研究手法とは何か　　実験的な手法をとることが難しい研究テーマの場合，多数の参加者からデータをとり，変数間の関係性を検討する研究アプローチもある。たとえば「朝食をとる子どもは成績がよい」という作業仮説を立てたとすれば，実験状況として子どもをランダムに2群に分け，一方の群には朝食をとらないように，もう一方の群には朝食をとるように，それぞれ指導することが考えられよう。そして，子どもに同じ内容の学力テストを受験させ，2群の間でスコアの平均を比較するといったことが想定される。

　しかし，いくら実験の都合とはいえ，食事をとらせないように指導することは倫理的に許されないであろう。そこで，多数の子どもから「朝食をとったか否か」と「学力テストのスコア」を観測し，その関係性を分析することを考える。多数の対象者から関心のある変数についてデータをとり，それらを根拠にして作業仮説を検証する研究方法を調査的手法と呼ぶ。

　2）剰余変数を統制する必要性　　調査的手法を用いても，実験的手法と同じく，変数間の説明関係を明らかにすることができる。たとえば，朝食をとることによって成績がよくなるという作業仮説を検証することも可能である。この場合，朝食の摂取の有無は独立変数，成績は従属変数である。ただし，変数間の関係性を適切に説明するには，剰余変数を統制する必要性がある。

　先の例で示した，朝食の摂取の有無と成績についてデータを収集したところ，表2-1のようになったとしよう。一見すると，朝食を摂取することが，成績を向上させる唯一の要因であるように見えるが，必ずしもそれが正しいとは言えないであろう。子どもが勉強するかどうか，宿題をやってくるかどうかなど，学力テストの成績に影響する変数はほかにも多数想定できるからである。

　この調査で，朝食の摂取の有無以外に，たとえば「家庭の状況について，居心地がいいと思っているか」を尋ねる調査項目を観測したとしよう。この変数は，朝食を摂取するかどうかと，学力テストのスコアの両方に影響する変数であろう。仮に，朝食の摂取の有無とスコアの間に表2-1のような関係性が見られたとしても，それは家庭の居心地の良さという隠れた変数からどちらも影響を受けているだろう。

　一般に，独立変数と従属変数の関係性を記述するうえで，両者に影響を及ぼしていると考えられる変数を「剰余変数」と呼ぶ（図2-1）。実験的研究手法をとるのであれば，（倫理的問題はあるものの）朝食の摂取の有無以外の要因について―家庭の居心地の良さや勉強するかど

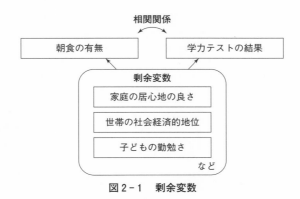

表2-1　朝食の摂取の有無と成績の関係（架空データ）

	学力テスト スコア平均
朝食をとる	60.0
朝食をとらない	40.0

図2-1　剰余変数

うか，世帯の社会経済的地位等，さまざまな要因のすべてについて─，同一の条件に統制した2つの群を設け，両者の間でスコアの値を比較すればよい。すなわち，剰余変数を実験計画の段階で統制すればよい。しかし調査的研究においては，このような剰余変数の統制をすることが難しい場合が多いため，剰余変数を考慮した形で独立変数と従属変数の関係性を分析する手法（たとえば重回帰分析）を用いて，統制することの代わりとするのである。

　調査的研究においては，作業仮説を立てる段階で，想定される剰余変数を多数列挙し，それらの影響を考慮した形で関係性を分析しなければならない。調査的研究においては，それらの多数の剰余変数のうち，どれが統制されるべき変数か，データを分析するまでわからないため，結果の解釈が探索的要素を含む。また作業仮説段階で列挙した剰余変数群に含まれない，未知の剰余変数の影響を考慮できないため，結論の確からしさは実験的手法（RCT，p.9参照）よりも低くなる。

◉心理的なプロセスを科学的にとらえるために：心のモデル化と検証

（1）心をモデル化する

　1）作業仮説を提示する　　「血液型の違いによって性格が決まる」という仮説を検証したいと考えたとしよう。この仮説は，まず直感的概念として提唱され，何らかの方法により具体的に検証されることで，支持されるかが明らかになる。では，人の心について何かを明らかにしたい時，どのような手順により検証すれば，確からしい結論を得ることができるだろうか。以下，図2-2に基づき，その過程を追ってみよう。

　まず，直感的概念を，一般性をもった命題として落とし込み，具体的な作業仮説として提示する必要があろう。「血液型の違いによって性格が決まる」という①直観的概念は，たとえば「血液型の違いによって，性格検査の回答に差が見られる」というような，具体性をもった作業仮説に③定型化される。すなわち，なんとなくそうだろう，といった素朴概念が，支持されるか

14

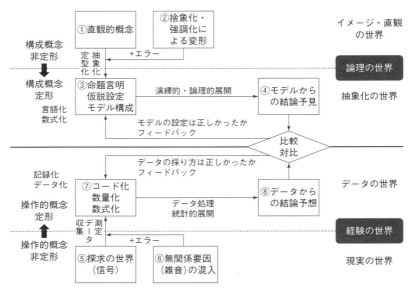

図2-2　仮説検証において現実世界をモデル化する意義（池田，1980，p.12を一部改変）

否かが検証される仮説という形で具体化され，定形的な構成概念となる。ただしその過程で，「ほんとうに明らかにしたいこと」と「具体的に検証される仮説の内容」との間に，②ズレ（エラー）が生じることとなる。

　2）作業仮説をモデル化する　　一般性をもった議論をする前提となる仮説枠組みのことを「モデル」と呼び，本質をとらえるために現象の背後にある関係性をモデルで記述することを「モデル化」と呼ぶ。一般性をもってわれわれの間に仮定される構成概念を定形化する過程は，人の心をモデル化する過程に相当する。その過程の中で，モデルが正しいと仮定される時，どのような結論に至るかを演繹的に④予見し，明文化することができる。その際に用いられるのは，人の心や性格に関する多くの法則，先行研究の知見である。

（2）データを収集し，モデルを検証する

　1）モデルに基づいてデータを収集する　　モデル化はすべて抽象的な論理の世界で行われるが，その一方で，モデルがどの程度確かであると言えるかについて，実際に人からデータを収集し，モデルの確からしさを検証する必要がある。引き続き図2-2に基づき説明する。

　まず，モデルで表される仮説に基づき，⑤データをとる。血液型と性格の関連性の例で言えば，多数の人に対して，信頼性や妥当性が高いとされる性格検査を実施し，人のさまざまな性格特性について調査を行うという方法が考えられる。ここで得られた性格特性ごとの指標が従属変数となる。また独立変数として，性格検査に回答した人の血液型（ABO式）を申告させる。ただし，ここで申告された血液型のデータは，あくまで自己申告の内容を根拠にしたものであり，本人の記憶違いや，何らかの要因により虚偽の申告がなされた場合であっても，それらがデータ化され，仮説検証に用いられざるを得ない。すなわち，データに⑥誤差（エラー）が混入する可能性がある。

　2）データを分析し，結果をモデルの予見と比較する　　人から得られた回答は，コード化され，匿名化されたうえで，⑦数量化・データ化される。それらのデータは「現実」を示すものの，前述の通り誤差を含む可能性のあるデータである。そこで，誤差の成分を考慮したうえでもなお，これらのデータから「意味のある差＝有意差」が観測される可能性を，統計的処理により明らかにし，仮説がどの程度確からしいかについて⑧結論を得る。

　データをとる前に仮説に基づいて予見された結果と，実際に得られたデータを分析した結果が比較検討され，結論が導き出される。すなわち，④と⑧が比較対照され，モデルが現実を反映したものであるかが判断される。そして，モデルの内容やデータのとり方を反省的・批判的に見直す。

　3）心理学研究におけるモデル化の重要性　　心理学の多くの研究においては，心の働きを模式化し，心理学的なモデル化を行う。そのうえで，客観的指標としてデータを収集する。データを根拠としつつ，それらの指標がモデルにどれだけ適合しているかを検討することを通じて，モデルの妥当性について一定の結論を出す。それらの結論は論文としてまとめられ，その後の研究において批判的に検討される。心理学の研究において実験的手法や調査的手法をとるのは，モデルの理論的枠組みと実際のデータとがどれだけ整合しているかを，つきとめるためであると言える。

　研究の初心者はしばしば，当初の仮説が検証できなかった時，データを収集したのちに，後付けで別の仮説を立てたり，当初の仮説を大幅に変更したりしようとする。このような行為は，研究の結果から確からしい結論を導くことができなくなるため，するべきではない。

(3) モデルによる仮説検証：因子分析の事例

　1）テストスコアの分散のモデル化　　あいまいで複雑な現実の世界を説明するために，モデルを仮定し，モデルの確からしさを評価することで，科学的な検証を試みる例を，図2-3を用いて示そう。ここでは，中学校における5教科（国語，社会，英語，理科，数学）のテストスコアの相関関係から，これら5教科のスコアが，受験者間で共通の2つの変動要因によって説明できるというモデルを考える。

　5教科のスコアが相互に独立にばらつくのであれば，5教科のうちどのペアについても，スコアの相関係数は0に近いという傾向が見て取れるだろう。しかし，中学生100名のサンプルを抽出し，相関行列を求めた結果を見るかぎり，いくつかの教科間で中程度の相関関係が観測されていることがわかるだろう。しかし，相関行列をただ眺めているだけでは，相関関係の間に潜んでいる共通の要因は見えてこない。

　そこで，5教科のスコアが独立にばらついているのではなく，それらの背後に，5教科のスコアをばらつかせる「共通因子」の存在を仮説として考える。共通因子は観測されていないが，複数のテストスコアのばらつきを共通して説明する原因として，その存在を仮定する。また，これら5教科のばらつきを説明するうえで，「国語」「社会科」「英語」が「文系的要素」を含み，「理科」「数学」が理系的要素を含むが，「理科」については文系的要素を多少含んでいるという，教員からみれば無理のない前提知識があるだろう。これらの相関関係もまた，このような前提知識によって説明できるはずである。

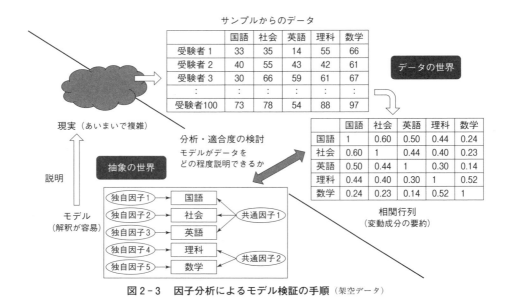

図 2 - 3　因子分析によるモデル検証の手順（架空データ）

　2）因子分析による分析とモデルの評価　これらの前提から，5 教科のスコアのばらつき
が，それぞれの教科ごとに独立して生じるばらつき（独自因子 1 〜独自因子 5）と，2 つの共
通因子によるばらつきによって説明される，という仮説を「モデル」として考え，データ（相
関行列）がモデルに当てはまっているかどうかを検証することによって，5 教科間の相関行列
に生じたばらつきの原因を，2 つの共通因子という，比較的解釈が容易なモデルの枠組みで説
明することができる。この分析手法は「因子分析」と呼ばれており，心理学において抽象的な
構成概念を扱ううえで欠かすことのできない手法である。
　図 2 - 3 に示す分析は，あらかじめ分析者が仮定したモデルが適合しているかどうかを確か
める性格をもっているため「確認的因子分析」と呼ばれている。2 つの共通因子を仮定したモ
デルが確からしいかどうかは，データがモデルにどの程度適合しているかを「適合度指標」と
して求め，その値の大小で評価する。もし適合度が低いということであれば，モデルを修正し，
改めて適合度指標を算出する。仮説をより大まかに立て，より現実の説明にふさわしい因子構
造を探索的に見出す「探索的因子分析」のアプローチも，心理学研究では多く用いられている。

●より確からしい結果を見出すために

（1）複数の実験結果の統合：メタ分析

　心理学の研究において確からしい結論を導き出すためには，1 つの研究トピックにおいて，
ただ 1 種類の従属変数と独立変数，剰余変数を仮定して実験を行うだけでは，得られた結果を
一般化することはできないであろう。ミルグラムの実験においても，実験場面で参加者がおか
れた状況についてさまざまな場面を模すことで，人間が服従する心理について一般性をもった
結論を導こうとしていた。参加者がおかれた状況を追加することは，実験の条件を増やし，独
立変数に含まれる条件の数や，独立変数の数を増やすことを意味する。
　服従の心理に関してより一般性のある結論を見出すためには，従属変数（参加者が与える電
圧の最大値）を見直すだけではなく，独立変数の前提となっている，服従が発生する場面その

ものを変える必要が生じるであろう。たとえば，実験室における大学教員ではなく，高校における教員や会社における上司といったように，権力をもつ者の属性を変え，それにあわせて実験の背景場面を変えるのである。このように，実験で想定される状況場面が少しずつ異なる実験が多数集積されていくと，結論がより確からしくなり，かつ一般性をもった結論の大まかな傾向が見えてくるようになるだろう。複数の実験結果を統合的に分析するための枠組みは「メタ分析」と呼ばれ，確からしい結論を導くために必要な考え方であると言える。

(2)　科学的仮説検証のための前提：健全な科学論文の必要性

　研究をするうえでは，先行研究で扱われたモデルをたえず批判的にとらえ，検証していくという態度が大切である。そのために必要な手続きは，研究においてどのような理論的枠組みに基づき仮説を立て，検証のためにどのような方法でデータを収集し，どのような手法を用いて分析し，そこからどのような結論を導き出したのかを，できる限り具体的な記述に即して記録に残し，論文として公刊することであろう。

　公刊された論文を読んだ研究者は，その研究者独自のアイディアに基づき，論文中に記されたモデルをより現実に即し，一般性をもったものへと改善する。すなわち，さらなるモデルの精緻化が行われる。新しいモデルに基づき実験・調査が行われ，収集されたデータがモデルをどの程度支持するかが改めて検証される。

　このような研究の連鎖が行われるためには，研究成果が具体的に示されていることが重要である。それとともに，研究で何が明らかになり，何が明らかにならなかったかについて，研究で用いたモデルと収集されたデータに即して適切に述べられていることが重要である。

引用文献

池田　央（1980）．調査と測定　社会科学・行動科学のための数学入門 4　新曜社

伊勢田哲治（2003）．疑似科学と科学の哲学　名古屋大学出版会

Milgram, S.（1974）．*Obedience to authority: An experimental view*. New York: Harper & Row.（ミルグラム，S.　山形浩生（訳）（2008）．服従の心理　河出書房新社）

3

量的アプローチと質的アプローチ
（計量心理学）

石井秀宗

●量的アプローチと質的アプローチの両方を理解する必要性

　心理臨床では，面接やプレイセラピーなど，クライアントとの質的な関わりから相手を理解する場面もあれば，知能検査や発達検査など，量的な手法を用いてクライアントをとらえる場合もある。このように心理臨床では，質的，量的，どちらのアプローチも実践や研究で用いられている。しかし一般的には，心理臨床は量的アプローチよりも質的アプローチを重視する傾向にあると言えよう。それは，量的手法が主流であった心理学研究において，質的分析法が導入されるや忽ち質的研究が普及したこと，また，量的研究の主要な分析法である統計分析法が，公認心理師科目の当初案では心理学研究法（統計法を含む）とされ，研究法の一部として扱われていたことにも表れている。

　しかし，心理学の諸分野において統計分析は，データに基づいて批判的に考え判断するという重要な力を育成するものであり，独立させるべきであるという声が上がり（子安，2017），最終的に，心理学研究法，心理学統計法という2つの必修科目に分かれることになった。このことは，心理臨床を実践する者においても，質的アプローチだけでなく，統計法を含む量的アプローチの考え方を身につけることの重要性が認められたことを示している。両方のアプローチの考え方を学ぶことにより，それぞれの長所や補うべきところをより深く理解し，実践や研究に役立てることが可能になるのである。

　研究法に関する書籍においては，量的研究法と質的研究法が別々の著者によって説明されることが多く，そのため読者が量的手法と質的手法を一体的に理解することが困難になっている。そこで本章では，両方のアプローチを一人の筆者が解説することにする。まず，量的アプローチ（量的研究法）と質的アプローチ（質的研究法）について対比的に説明する。次に，それぞれのアプローチの特徴を考え各々の強みを検討する。そして最後に，両アプローチに共通して必要な理解について議論する。なお，筆者の専門領域は計量心理学であり量的手法を主に扱っているが，心を測る手法として質的アプローチも有用なものであると認識し，記述式問題に関する研究や（e.g., 安永・石井，2012），自由記述を取り入れた研究（e.g., 坪田・石井，2020）なども行っている。本稿は，このような研究活動や教育経験を通して筆者が感じたことや考えたことをもとに，心理臨床の実践や研究における量的アプローチと質的アプローチについて論じたものである。

●量的アプローチと質的アプローチの対比的理解

　心理臨床実践における量的・質的アプローチと，心理学研究における量的・質的研究法は必ずしも同じものではないが，アプローチと研究法を区別して書こうとすると煩雑になるので，ここではそれらをあまり区別せず，研究法に主眼をおきながら，量的アプローチ（量的研究法）と質的アプローチ（質的研究法）として説明することにする。なお本章では，データ間の関係を数量的に分析するアプローチを量的アプローチ，データ間の関係を言語的にとらえるアプローチを質的アプローチとする。よってたとえば，言語データを統計ソフトなどを用いて数量的に分析するテキストマイニングなどは量的アプローチに含めて考える。

　量的アプローチと質的アプローチをいくつかの観点から比較したものを表3-1に示す。以下，それぞれについて説明する。

(1) データ

　まず大きな違いは，量的アプローチは分析データとして数値を用いるのに対し，質的アプローチは言語を用いることである。量的アプローチで記号や文字をデータとすることはあるが，分析においては数値に置き換えて量的に分析している。また質的アプローチでは，行動や仕草などの非言語情報も言語化してデータとし，質的（言語的）に分析を行う。

(2) 現象のとらえ方・視点

　量的アプローチは，決められた値（カテゴリ）に現象をはめ込むため断片的なとらえ方になりやすいが，主観が入りにくく客観的であると言われる。これに対し質的アプローチは，「ありようをそのままに」とらえ「生き生きとした」データが得られると言われるが，現象は観察

表3-1　量的アプローチと質的アプローチの比較

観点	量的アプローチ（量的研究法）	質的アプローチ（質的研究法）
データ	数値	言語
現象のとらえ方	断片的，数値化，カテゴリ化	ありようをそのままに，生き生きとした
視点	客観的	主観的
研究の方向性	法則化	定式化，理論化
立場	論理実証主義	社会構成主義
研究スタイル	仮説検証型	仮説生成型
変数の設定	仮説の導出過程，データ収集前に決定	研究の過程で探索
研究の流れ	直線的	循環的
抽出したい特性	全体傾向，母集団特性	固有性，一般性
標本	母集団からの代表標本	テーマ関連標本
比較対象	統制群，参照群	明確には意識されない
データ収集法	実験，検査，調査	面接，観察，調査
個体差	誤差，残差	固有性
測定・評価	テスト理論，教育測定	アセスメント，教育評価
分析法	統計分析法	質的分析法
結果の提示	数値，変数や個体間の関連図	言語，事象や概念間の関連図
結果の評価	信頼性，妥当性，有意水準，決定係数	メンバーチェック，リフレクシヴィティ

者の視点からとらえられており主観的であるという指摘がしばしばなされる。

(3) 研究の方向性・立場・研究スタイル

　量的研究は，現象の中に一定の法則があると考えそれを見出すという論理実証主義的な立場に立ち，研究者が理論的に導出した仮説をデータによって検証する仮説検証型のスタイルをとることが多い。これに対し質的研究は，研究者が現象をとらえる過程を定式化すること，また，いくつかの定式化された過程を統合し理論化することを目的とし，事実は観察者と環境との相互作用から成り立つという社会構成主義的な立場から，仮説生成型の研究スタイルをとることが多い。

(4) 変数の設定・研究の流れ

　量的研究では，どのような変数についてデータを収集するかは仮説の導出過程において決定され，それに基づいて，適切なデータ収集法，分析法が選択される。よって，仮説の設定から，データ収集，分析，結論の導出までが直線的な時間軸に沿って進められる。一方，質的研究は，どのような変数を設定するか，言い換えればどのような視点から事象をとらえるかは研究の過程で探索し，暫定的な設定と変更を繰り返す。視点の設定，データ収集，分析が循環的に行われ，研究を進めながら変数を探索し，研究テーマを焦点化していく。

(5) 抽出したい特性

　一般に量的研究では対象集団を考え，集団の全体傾向をとらえることが目的とされる。知能検査など個人にアプローチする場面では個人特性に注目するが，知能検査の結果に特徴があるかどうかは集団全体の傾向がわかっているからこそ言えることであり，全体傾向をとらえる量的研究は量的アプローチの土台を構築するものとなる。一方の質的研究は，対象事象の固有性を同定すること，また，同定した固有性の中に一般性を見出すことに関心がもたれる。何が固有で何が一般かを識別するには，多くの固有の事例にあたり共通要素を探索する必要があり，そういう意味では全体傾向をとらえる量的研究と類似する面もある。

(6) 標本・比較対象

　量的研究でも質的研究でも対象を全数調査することは現実的でなく，標本を抽出してデータを収集する。量的研究では対象とする母集団を設定し，母集団の小型版になるような代表標本を抽出する。多くの研究において，比較対象となる統制群または参照群を設定し，それらとの比較を通して対象集団の特性を明らかにしていく。質的研究では研究テーマに即したテーマ関連標本を抽出しながら研究を進める。テーマに関連した事象を効率的に集めることはできるが，明確な比較対象は意識されないため，テーマ特有の標本である保証はなく，もっと一般的な事象の標本になっている可能性は否めない。

(7) データ収集法

　データ収集法として，量的研究では実験・検査・調査，質的研究では観察・面接・調査が主な方法となる。実験や検査では対象者の反応，調査では応答，また，面接では対象者の語りや仕草，観察では観察記録などがデータとなる。

(8) 個 体 差

全体傾向または共通要素と個体とのずれについて，量的研究では誤差または残差として確率的に変動するものとして扱われる。分析において誤差の散らばりは誤差分散として評価され，効果量や決定係数の算出などに利用される。なお，残差（residual）という用語は，誤差（error）という語にネガティブなニュアンスが含まれるのを危惧して用いられた語であり，本質的に誤差と変わりない。質的研究では，各対象事象の固有性はそのままに扱うが，抽象化，理論化の過程で捨象していく。どの部分を生かしどの部分を捨象するかは分析者に委ねられており，異なる視点から見れば違う部分が捨象され，別の結果が見出される可能性がある。

(9) 測 定・評 価

量的アプローチも質的アプローチも，心理的構成概念をとらえるために対象を測定・評価する必要がある。測定・評価することで初めてデータを得ることができ，それらを分析することが可能となる。量的アプローチおよび質的アプローチにおける測定・評価とデータ分析法の関係をまとめると図3-1のようになる。量的アプローチではテスト理論や教育測定に基づいてデータ収集が行われる（e.g., Brennan, 2006）。簡単に言えば，尺度やテスト等を用いて信頼性，妥当性の高い測定を行うということである。質的アプローチは，臨床面接等によるアセスメントや，到達度をルーブリック（評価の観点や基準を記述した評価指標）を用いて評価する教育評価の手法（e.g., 田中，2005）などによって測定・評価を行う。

(10) 分 析 法

量的アプローチにおいて，得られたデータは統計的に分析される。統計分析は，データの特性を要約する記述統計と，データ（標本）の背後に仮定される母集団についてモデルや仮説を立て，それらについて推論を行う推測統計に大別される。推測統計はさらに，統計量の値を推定する統計的推定と，仮説の真偽を判定する統計的検定に分かれる。質的アプローチでは，質的分析法を用いてデータが分析される。質的分析法としてしばしば用いられるものに，GTA（グランデッド・セオリー・アプローチ），KJ法，談話分析，会話分析などがある。GTAやKJ法は，

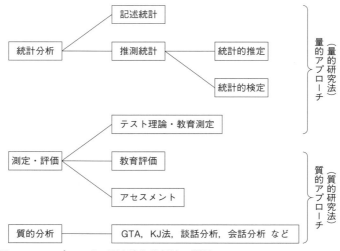

図3-1　アプローチ・研究法と分析法の関係（石井・滝沢，2021より一部改変）

事象を切片化しコード化を行い，関連性を検討しながらいくつかのカテゴリにまとめ，事象を説明するモデルを構築する手法である。談話分析や会話分析は，データを分割することなく時間的な流れに従って分析していく手法である。各分析法の説明は別の成書を参照されたい（e.g., 村井，2012；下山・能智，2008）。

（11）　結果の提示

　量的研究で結果として提示されるものは，何らかの意味をもった数値や，変数間または個体間の関連性を表した関連図などである。その結果をどう解釈するかは言語的に記述されるが，結果そのものは数量で与えられる。質的研究でも，事象や概念間の関連を表す図表が分析結果として示されるが，分析の視点を明らかにするため，カテゴリ化の過程などの記録も併せて提示される。

（12）　結果の評価

　導出された結果がどの程度適切で信用できるものであるかを評価する方法として，量的研究では，信頼性，妥当性，有意水準，決定係数などの量的基準が利用される。質的研究では，研究参加者に分析結果を確認してもらうメンバーチェックや，結果に対する研究者の影響を意識し検討すること（リフレクシヴィティ，reflexivity），研究者の立場や対象との関係性を明確に記述することなどによって，結果の信用性の確保が図られている。

◉量的アプローチの特徴

（1）　量的アプローチは数値データを扱うだけか

　量的アプローチ（量的研究）は数値データを扱うので，「量的アプローチ＝データを数値化すること」と見なされることがあるが，これはかなり表面的な見方である。ストレス得点を例にとって考えてみる。各個人のストレス得点を測定するだけなら確かにデータを数値化するだけである。ある職場に所属する社員のストレス得点の平均値も，平均的なストレスの程度を数値化しただけと言ってよい。では，ストレス得点の標準偏差はどうであろうか。標準偏差はデータの散らばりを表す指標である。標準偏差が小さければ，みな同じ程度のストレスを感じていることを表すし，標準偏差が大きければ，ストレスの程度は人によって大きく異なることがわかる。ストレス得点とうつ得点の相関係数はどうか。複数の職場におけるストレス得点とうつ得点の相関係数がどれも同じような値であれば，ストレスとうつには普遍的な関係があると推論できる。職場により相関係数の値にばらつきがあれば，ストレスとうつの関係は職場によって異なり，何らかの要因が影響していると考えることができる。相関係数の値から，どの程度の関連の強さを検討することも可能である。このように量的アプローチは，単にデータを数値化するだけでなく，そのデータ（変数）に関連する現象も数量的に検討することを可能にしている。

（2）　量的アプローチは結果の評価も数量的

　前節でも説明したように，量的アプローチでは結果の評価も数量的に行う。信頼性係数は測っているものをどれだけ精確に測定しているかを表す指標であるし，妥当性係数は測りたいものをどれだけ適切に測っているかを反映する指標である。有意水準（危険率）は本当は帰無仮説

が正しいのに誤ってそれを棄却してしまう確率であり，決定係数はそのモデルによって従属変数の分散をどの程度説明できるかを示す値である。導出された結果や判断がどの程度正確で適切なものか，また，他の結果と比較してどれを採用すべきか，量的アプローチでは数値指標に基づいてこれらの検討をすることが可能である。

　信頼性係数や決定係数などの値は数値データを用いて計算されるため，データのねつ造や改ざんでもしない限り，少なくともデータ収集時の現実を正しく反映する。よってたとえば，自分が作成した思い入れのある尺度の信頼性係数が低かった時，これは重要であるからと主張して研究に使うことは可能であるが，信頼性，ひいては妥当性が低いことに変わりはなく，自分が測りたいものを測れていると主張することはできない。また，信頼性が低ければ相関係数の希薄化によりほかの尺度との相関係数が小さくなるため，結局その尺度で測ろうとしている変数の有用性は認められず不本意な結論を得ることになる。

（3）量的アプローチの強みは何か

　量的アプローチは，単にデータを数値化しているだけでなく，現象を数量的に表現し，結果の評価にも数量的な手法がとられている。これが量的アプローチの強みであり，量的アプローチによる議論には主観が入りにくく，客観的な議論を展開し得るもととなっている。もちろん，分析結果を解釈するのは研究者の側であるから，そこには主観の入る余地がある。しかし，分析結果自体に研究者の主観は入っていないため，他の研究者がその結果を見て解釈の誤りや問題点を指摘することができ，客観性のある議論を行うことが可能となっている。

◉量的アプローチの進展

（1）言語データ分析の現在

　量的アプローチは事象を断片化して数値データとするため過程やつながりをとらえることができない一方，質的アプローチは現象の過程を記述するのに優れているという主張がなされることがある。確かに，質的分析法が心理学研究に用いられ始めた1990年ごろはそうだったかもしれないが，現在（2021年）では情報通信技術等の進歩により，状況は変わってきている。言語データの分析に関して言えば，量的手法で単語や文をコード化し，類似性やつながりに基づいてそれらのグループをつくり，グループ間の関係をモデル化する理論や技術の開発は進み実用化されている。

　1つの文（文章）を個体とし，1つひとつの単語を変数として，どの文にどの語が何回出現するかを集計したデータ行列をつくることは，原理的にはコンピュータがなくても可能であるが，コンピュータを使えば短時間で大量の文のデータ行列をつくることができる。このデータをクロス集計したり，主成分分析，対応分析，クラスター分析などの多変量データ解析の手法を用いて分析すれば，共起性や類似性に基づいて単語のグループをつくることができる。いわゆるテキストマイニングはこのような手法を利用している。単語間のつながりを分析する手法としては潜在意味分析（latent semantic analysis）やベイジアンネットワークなどの手法が開発されている。短いエッセイであれば自動採点もある程度可能であり，民間の英語試験などで利用されている。ベイジアンネットワークでは，単語やそのグループ間の関係を検討し因果説明を目的とするモデルを生成することも可能であり，インターネットのキーワード検索などにも利用されている。また，言葉の意味や使い方についての研究も進められている。たとえば，コー

パスと呼ばれる言葉のデータベースが構築され，単語間の関係や語法について，大量の用例に基づいた分析が行われている。

　以上から，面接や観察などで得られた言語データを単純に分類・カテゴリ化して，それらの関係を示すだけの研究であれば，量的に行ったほうがはるかに正確で適切なモデルを提示することができる時代に既になっていると言える。

(2) 量的分析でできないこと・できていないこと

　言語データの量的分析でできないことも依然としてある。まず，変数をあらかじめ指定するという量的分析の性質はそのままであり，分析データもしくは参照データに含まれる語の範囲内でしか分析できない。たとえば，あるエッセイを評価する時，参照データとして新聞のコラム集を利用するとしたら，そのエッセイは新聞コラムという観点からしか評価されない。また，もし日本近代文学集を参照データに用いたら，近代文学のエッセイとしてのよさを評価されることになる。設定した条件の中では最適な解を導くことができるかもしれないが，どのような観点から分析するか，具体的には参照データに何を用いるかはあらかじめ設定しておかなければならない。仮に非常に重要な意味をもつ単語がエッセイの中にあったとしても，参照データにそれがなければ，その単語の重要性はまったく評価されないのである。

　また，質的アプローチでは，しぐさや言い方，声のトーンなどの非言語的な情報も重要な情報として扱うが，量的アプローチではそれらの情報を分析に利用することができていない。非言語情報を分析に含めるには，それらをデータ化して入力する必要がある。非言語情報をどのようにデータ化し，どのように分析に組み込むかについては，まだ多くの研究を必要としている。

　しかし，これらの課題については，大量のデータを蓄積し，多量の言語情報と非言語情報の関連性をデータベース化すれば，かなり改善が進むと考えられる。上の例で言えば，新聞コラムも近代文学もすべて参照データに入れて最適解を求めればよいし，ありとあらゆる言語情報と非言語情報のパターンを設定しデータ化しておけば，非言語情報も分析に含めることが可能になる。十分な性能をもつハードウエアがあれば，量で解決できる問題に対して量的アプローチはとても威力を発揮する。画像データ，音声データなどに関する研究の進展も目覚ましく，それらの技術も援用すれば，面接や観察記録に関する量的分析からかなりのことが言えるようになるであろう。

●質的アプローチの特徴

(1) 主観を明確にする

　物事を認知し，考え，表現するのは人である。そこには当然その人の主観が入る。量的アプローチでは，なるべく万人が同じ理解をするように主観性を排除しようとする。これに対し質的アプローチでは，主観性は排除しきれるものではなく，すべきものでもないとして，どのような視点から現象はとらえられたのか，分析者の探索の過程を別の者が追体験できるように，むしろ積極的に分析者の主観を明確にする。

(2) 厚い記述

　分析者の主観や立場を明確にするには，時間的な流れや空間的な文脈とともにその関連性も

含めて記述する「厚い記述」（Denzin, 1989; 下山・能智, 2008）によるデータの収集が必要である。質的アプローチで考えられているように観察者と環境との相互作用から事実がつくられるとすれば，現象をとらえていくためには，単なる客観的な出来事の羅列ではなく，それらがどのような文脈の中で起きているのか，どのようなつながりがあるのかを意識して記述する必要がある。どれだけ厚い記述ができるかが質的なアプローチの質を決める鍵となる。

（3）質的アプローチの強みは何か

　処理できるデータの量や速さ，精確さでは，質的アプローチは量的アプローチに及ばない。では，質的アプローチの強みは何であろうか。

　ひとことで言うとそれは，個人や社会の文化を踏まえ，文脈を理解しながら，現象や言葉，またそれらの背後にある感情や心理を読み取ることができることである。同じ言葉でも，どういう人が，どのような状況で，またどのような文脈で使っているかによって，言葉のもつ意味合いは変わってくる。質的アプローチでは，現実はさまざまな要因の相互作用の中で社会的につくられていくと考え，文脈の中で現象や語りをとらえ，その意味を読み取っていく。これは量的手法とはまったく異なるアプローチであり，質的手法の強みと言える。

　また，物事の意味を理解するためには，何らかの観点をもつことが必要である。どのような観点をもつか，研究であればデータから何を読み取るかを探索しながら分析を進められるのも質的アプローチの特質である。単に事例を集め，言語化された記録をコード化し，いくつかの概念カテゴリをつくって，それらの関係を図示するだけであれば，先にも述べたように量的手法を使ったほうがはるかに正確な分析が行える。データ収集と分析が循環的に行われ，研究テーマが焦点化されていくような研究がなされて初めて，質的手法の強みが発揮されるのである。

●共通して必要な理解
（1）研究計画や分析をおろそかにすることは研究倫理違反

　人を対象とする心理学では個人からデータを収集することが多いため，プライバシーや個人情報の保護，また物理的及び精神的苦痛の最小化を目的として研究倫理が規定され，これに違反する研究の実施は許されないものとなっている。大抵の学会の論文投稿要件で倫理審査を求めていることもあり，これらの事項については，ほとんどの研究者がその意義を理解している。

　一方で，量的研究でも質的研究でも研究計画や分析がずさんで，データを提供していただいた研究参加者の時間と労力と厚意を無駄にし，ただの迷惑にしかなっていない研究も散見される。たとえば，何らかの刺激図版を作成して，それらに対する心理的反応を測定し群間で比較するような場合，まず予備実験を行って図版の妥当性を検証し結果に応じて修正するのが基本である。しかし，それを研究者の感覚による判断で済ませ，いきなり本実験を実施したところ，想定通りの結果が出なかった，または想定外のところで違いが出てしまったというような研究である。この研究の問題点は図版の妥当性を予備実験で検討しなかったことだけではない。実験手続きに習熟していない実験者がいきなり本実験を行うことにより，実験者の不手際がデータに影響することが考えられるうえに，実験手続きに不備があっても変更できないという欠陥がある。

　同様の問題は調査研究でも起こり得る。たとえば，何らかの心理尺度を開発するために数十名の学生から自由記述データを収集し，専門家らによってそれらを分類し質問項目を作成して，

大規模な質問紙調査を実施したが，予想通りの因子分析結果にはならなかった，もしくは尺度間相関が著しく高く，ほぼ一次元の尺度しか得られなかったという論文を見かけることがある。この研究の問題点としては，自由記述データのとり方が構造化されておらず，研究目的と自由記述データが整合しないこと，「専門家」らによる分類の妥当性を検証していないこと，質問紙調査の予備実施をせず質問項目の精錬を行っていないことなどが考えられる。

　これらの例における問題点は，予備実験や予備調査をないがしろにしていることに起因するものであり，研究者の意識と自覚により未然に防止できる問題である。量的研究にしろ質的研究にしろ，適切なデータを収集することは研究を成功させるための重要要件の1つである。予備実験，予備調査はそのための必須のプロセスであり，決しておろそかにしてはならない。

　分析法について十分理解せず，誤った分析をしていたり，誤った解釈をしていたり，都合よく恣意的な解釈をしている研究もときどき見かける。研究者の仮説を支持するような都合のよい語りだけを拾い集めて概念モデルらしきものを生成し，「質的分析を行った」などともっともらしく言っているレポートのような論文も少なからず見受けられる。料理にたとえれば，データは材料，分析法は調理器具である。調理器具は正しく使えば便利であるが，使い方を誤ると食材を台無しにしたり自分が怪我をしたりする。分析法も同様である。正しく使えば適切な結果が得られるが，正しく使わなければデータを無駄にし，研究を台無しにしてしまう。

　研究計画や分析をいい加減に行うことは研究そのものを無にすることであり，研究に協力していただいた研究参加者をないがしろにする行為である。プライバシーや個人情報の保護のようなわかりやすい研究倫理だけに目を向けるのではなく，研究に協力してくださったことに感謝し，一切を無駄にしないように，研究計画，データ収集，分析，結果の解釈，公表という研究のすべての過程において研究倫理を考えることが本来の研究倫理のありかたである。研究計画や分析をおろそかにすることは，プライバシーや個人情報の保護を怠ることと同様に，立派な研究倫理違反である。

(2) 背景や文脈を考える

　言葉や行動，数値の背後にあるものを探るのが心理学である。時と場合にもよるが，「何か心配なことはありますか？」という問いかけに対し「ありません」という答えが返ってきた時，『心配事なし』と解釈するのではなく，『この「ありません」の意味するところは何だろうか』のような考え方をしていく。質的アプローチは，個人や社会の文化を踏まえ，文脈を理解しながら現象や言葉，またそれらの背後にある感情や心理を読みとるものであるから，言葉や現象の背景や文脈を考えることは当然のプロセスである。同様に，量的アプローチでも数値を解釈する際に背後や文脈を考えることが必要である。

　発達障害児に知能検査を行う場面を考えてみる。検査結果としてIQの値は出てくるが，その値だけを報告しても検査を行ったことにならないことは容易に理解できるであろう。まず，その子の生育歴や家族関係，知能検査をするに至った経緯などの理解が必要であるし，検査中の状況はどうであったか，どのような姿勢で検査に取り組んでいたかなどを踏まえてIQの値を捉える必要がある。また，値は同じでも子どもによって得意とすることや苦手なところは異なり，伸びやすいところや困難を抱えやすいところなどについて，丁寧に解釈して結果を報告することが求められる。IQの値自体は量的なものであるが，その解釈にはその値が得られた背景や文脈の理解が不可欠である。

量的研究も同じである。統計的に分析して結果を出すということは基本的に誰がやっても変わりなく，同じ結果が導出される。しかし，その結果をどう解釈するかは，研究の背景や文脈を分析者がどうとらえるかによって変わってくる。たとえば，「相関係数は0.35だったが関連があると言っていいですか？」と質問されても，いわゆる弱い相関の範囲だがどのような集団における何の変数間の相関だかわからなければ答えようがない。これは，IQ＝90は低いかと聞かれ，平均より低いのは確かだが低いと言うべきものかどうかはその情報だけではわからないのと同じである。量的研究は物事を数値化し断片的にしかとらえられないという批判の一部には，分析結果を解釈する際に背景や文脈を考えていないか，考えてはいけないと思っている場合もあるように思われる。量的研究でも，背景や文脈から切り離して結果を解釈することはできないのである。

（3）何をしたいのかを深く考える

本章のまとめもかねて最後に挙げておきたいことは，研究や実践において何をしたいのかを深く考えることである。量的にしろ質的にしろ，アプローチするということは対象と何か関わりをもつことであり，そこには何らかの目的がある。目的がはっきりしていなければ適切なアプローチはできないし，したとしても的外れなものになる。深く考えず拙速に物事を行っても，まともな結果が得られないばかりか，他人に迷惑をかけるだけとなる。何かにアプローチする時は，自分は何をしたいのかをじっくり考えてから行動し，目的を意識しながら，丁寧にアプローチすることが望まれる。

引用文献

Brennan, R.（Ed.）（2006）. *Educational measurement*（4 th ed.）. Westport, CT: American Council on Education and Praeger.

Denzin, N. K.（1989）. *Interpretive interactionism*. Thousand Oaks, CA: Sage.

石井秀宗・滝沢　龍（2021）．臨床統計学の目指すところ　石井秀宗・滝沢　龍（編）公認心理師カリキュラム準拠　臨床統計学〔心理学研究法・心理学統計法〕医歯薬出版

子安増生（2017）．公認心理師カリキュラム等についての要望　第４回公認心理師カリキュラム等検討会資料

村井潤一郎（編著）（2012）．Progress & Application 心理学研究法　サイエンス社

下山晴彦・能智正博（編）（2008）．心理学の実践的研究法を学ぶ　新曜社

田中耕治（編）（2005）．教育評価　ミネルヴァ書房

坪田彩乃・石井秀宗（2020）．多枝選択式問題作成ガイドラインの実証的検討　日本テスト学会誌，*16*，1-12.

安永和央・石井秀宗（2012）．テストにおける設問の問い方が回答傾向に及ぼす影響—国語読解テストを用いた実証研究—　教育心理学研究，*60*，296-309.

4

モデルを用いた心の理解（認知心理学）

清河幸子

●はじめに

　心は直接手にとることも目にすることもできない。また，行動やそれが生じた状況は，ある程度目にすることができたとしても，その行動が何によって生じたのか，どのような要因が作用したのかについては，やはり直接見ることができない。したがって，ある心の働きや行動が生じたメカニズムを理解するためには，それに関する仮説を立てて，データに照らして精緻化していく作業が必要となる。このような，仮説を生成し，データに照らして検証し，必要があれば変更していくプロセスを科学的推論と言う（図4-1）。仮説は，データに基づいて生成される場合もあれば，理論から演繹的に導かれる場合もある。認知心理学では，人の情報処理の仕組みを明らかにすることが目的とされるが,情報の流れに関する仮説をモデルとして構成し，データに照らして検証するアプローチがとられることが多い。

　本章では，この仮説としてのモデルを用いた心の理解の具体例として，アトキンソンとシフリン（Atkinson & Shiffrin, 1968）によって提唱された二重貯蔵モデルを取り上げる。また，われわれがモデルを用いて心を理解する際に留意すべき点について，科学的推論におけるバイアスの観点から整理する。

●モデルを用いた心の理解の具体例

　人が外界から取り入れた情報をどのように処理し，出力するのかを理解することを目指す認知心理学では，構成要素を箱，構成要素間での情報の流れを矢印で表現した「箱と矢印モデル（box and arrow model）」として仮説が表現されることがある。以下では，代表的な「箱と矢印モデル（box and arrow model）」の1つである，アトキンソンとシフリンの提唱した二重貯蔵モデルを例にとり,人の記憶の仕組みがどのように理解されてきたのかについて説明する。

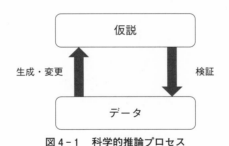

図4-1　科学的推論プロセス

(1) 二重貯蔵モデル

　人の記憶に関する代表的なモデルとして，アトキンソンとシフリン（Atkinson & Shiffrin, 1968）によって提唱された二重貯蔵モデルがある（図4-2）。このモデルの重要な特徴は，まさにその名前に反映されている。すなわち，情報を蓄えておく貯蔵庫が1つではなく，2つに分かれていると仮定するという点にある。この2つの貯蔵庫とは，短期貯蔵庫と長期貯蔵庫であるが，両者は2つの点において異なっている。まず，その名前にも反映されているように，保持時間，すなわち，情報を蓄えておける時間が異なる。具体的には，短期貯蔵庫では頭の中で情報を声にして繰り返すこと，すなわち，リハーサル（復唱）をやめてしまうと，15〜30秒程度しか保持されないのに対して，長期貯蔵庫ではリハーサルをしなくとも永続的に情報を保持しておくことが可能である。また，保持できる情報量，すなわち，容量限界の有無という点でも両者は異なっている。具体的には，短期貯蔵庫には容量限界があり，7±2チャンク，つまり，まとまりとして5〜9程度の情報しか保持できないのに対して，長期貯蔵庫には容量限界はない。このように，二重貯蔵モデルでは，保持時間と容量限界の有無という点において異なる2つの貯蔵庫を仮定し，人の記憶の仕組みをとらえている。

　このモデルでは，人の記憶が「どのような要素により構成されているか」という構造的側面だけでなく，入力から出力までの情報の流れについても仮定されている。図4-2に示された矢印が情報の流れに相当する。まず，外界からの情報は，感覚モダリティ（様相）ごとに分かれた感覚登録器に入る。ここでは，感覚モダリティ（様相）ごとに，すべての情報が選別されずに取り入れられる。したがって，非常に多くの情報が入力されることとなるが，その保持時間はごく短い。その後，この感覚登録器の中で注意が向けられた情報のみが短期貯蔵庫に進む。ここで，注意の量には限りがあるので，感覚登録器の中の情報のうちの一部のみが短期貯蔵庫に進むことになる。そして，短期貯蔵庫の中では，リハーサルをしている間はその情報は保持されるが，それをやめてしまうと15〜30秒程度の間しか情報は保持されない。この短期貯蔵庫で保持されていた情報のうち，リハーサルを多く受けた情報ほど，もう1つの貯蔵庫である長期貯蔵庫に転送されやすくなる。この長期貯蔵庫に入った情報はリハーサルされなくても保持されるとともに，永続的に消失することなく保持される。なお，短期貯蔵庫にある情報はそのまま出力することが可能であるのに対して，長期貯蔵庫にある情報はいったん短期貯蔵庫に呼び出されて出力されることになる。

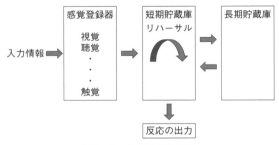

図4-2　二重貯蔵モデル

（2）データに基づくモデルの妥当性の検証

　前節で説明した二重貯蔵モデルはあくまで人の記憶の仕組みに対する仮説を示したものであり，これが妥当かどうかはデータに照らして検証していく必要がある。このモデルが「妥当である」と言えるためには，実際の人の記憶に関するデータ，すなわち，実験結果と整合している必要がある。以下では，いくつかの実験を紹介し，どのような実験結果に照らしてモデルの妥当性が検証されてきたのかについて見ていくことにする。

1）二重貯蔵モデルの根拠：系列位置効果

二重貯蔵モデルを支持する知見として，系列位置効果がある。これは，参加者に，単語や数字といった刺激を1つずつ呈示し，記憶することを求めた実験で得られた結果であり，その刺激が系列の何番目に出てきたかということ，すなわち，系列位置によって記憶成績が異なるという現象である。図4-3の横軸は系列位置，縦軸は記憶成績の1つである再生率を表しており，グラフは系列位置曲線と呼ばれる。この系列位置曲線には2つの特徴がある。1つは，最初の方に呈示された項目の再生率が高いことであり，初頭性効果と呼ばれる。もう1つの特徴は，終わりの方に呈示された項目の再生率が高いことであり，新近性効果と呼ばれる。この2つの効果がどのようにして生じたのかを説明する際に，貯蔵庫が1つしかないと仮定した場合にはうまくいかず，二重貯蔵モデルのように性質の異なる2つの貯蔵庫を仮定する必要がある。

　二重貯蔵モデルでは，初頭性効果と新近性効果を以下のように説明する。まず，初頭性効果に関しては，リハーサルの多さから説明する。すなわち，最初の方に呈示された項目は後の方に呈示された項目に比べて短期貯蔵庫において多くリハーサルすることが可能である。多くリハーサルされた項目ほど長期貯蔵庫に転送される確率が高くなることから，最初の方に呈示された項目ほど長期貯蔵庫に転送されやすくなる。そして，長期貯蔵庫に入った情報は，リハーサルをしなくても保持することができ，消失することもないことから，再生できる可能性が高くなる。以上より，系列の最初の方に呈示された項目は，長期貯蔵庫に転送されたことにより再生率が高くなったと考えられる。

　ここで，後の方に呈示された項目は，リハーサルを多くすることができないことから，この説明は系列の終わりの方に出てきた項目の再生率が高いという新近性効果には当てはまらない。したがって，新近性効果に関しては別の説明が必要となる。具体的には，系列の終わりの方に呈示された項目は，再生時に短期貯蔵庫の中に残っている確率が高いため，それを直接出

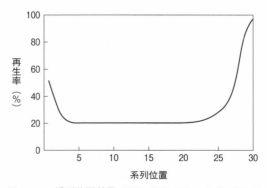

図4-3　系列位置効果（鹿取・杉本，1996，p. 84を一部改変）

力することができることから，前の方に呈示された項目や中ほどで呈示された項目に比較して再生率が高くなると考えられる。以上より，初頭性効果については長期貯蔵庫に蓄えられた情報を反映し，新近性効果については短期貯蔵庫に蓄えられた情報を反映しているというように，性質の異なる2つの貯蔵庫を仮定することで，初頭性効果と新近性効果の2つをうまく説明することができるのである。このことから，系列位置効果は二重貯蔵モデルを支持する知見と言うことができる。

2）データに照らした検証：ランダス（Rundus, 1971）の実験1　　モデルを用いて実験結果を説明できるか確かめるということに加えて，モデルに基づいて実験結果を予測し，実際に得られた結果と照合することで，モデルの妥当性を検証することができる。具体的には，モデルに基づいて予測された結果と実際の結果が一致していれば，モデルはデータにより支持されたと判断し，一致していない場合にはモデルは反証され，修正が必要となる。

　ランダス（Rundus, 1971）の実験1では，系列位置とリハーサル回数および再生率の関係が検討されている。この実験では，参加者に20項目からなる刺激を1つずつ呈示し，記憶するよう求め，すべての項目を呈示した後に呈示順を気にせず再生するよう求めた。また，項目あたりのリハーサル数を測定するため，声に出して繰り返すよう求めた。この実験結果について，二重貯蔵モデルに基づいて予測すると，まず，系列位置が前にあるほどリハーサル回数が多くなり，リハーサル回数が多いほどその情報は長期貯蔵庫に転送されやすくなることから，系列位置が前にあるほど再生率が高くなると予測される。これは前節で述べた初頭性効果に対応する。一方，系列位置が後にあるほどリハーサル回数は少なくなるものの，短期貯蔵庫に留まっている可能性が高いことから，やはり再生率は高くなると予測される。これは前節で述べた新近性効果に対応する。以上より，系列位置が後にいくほどリハーサル回数は少なくなるが，再生率は系列位置の前の方と後の方の両方で高くなり，リハーサル回数と再生率の関連は系列位置の前の方でのみ見られると予測される。

　図4-4には，実際に得られた系列位置ごとの再生率と項目あたりのリハーサルの総数が示されている。この結果は，二重貯蔵モデルによる予測と一致している。すなわち，リハーサル回数に関しては，系列位置が前にあるほど多く後にいくほど少なくなっているが，再生率は系

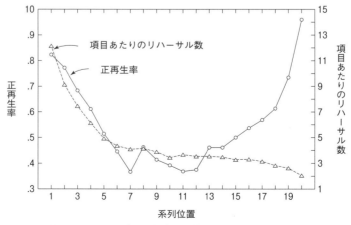

図4-4　ランダスの実験1の結果（Rundus, 1971, p. 66）

列位置が前の方と後の方の両方で高くなっている。したがって，系列位置の前の方で記憶成績が高いことはリハーサル回数が多いことで説明できるのに対して，系列位置の後の方で記憶成績が高いことはリハーサル回数では説明できないことがわかる。二重貯蔵モデルで仮定するように，系列位置が前の方の項目はリハーサル回数が多いため，長期貯蔵庫に転送される確率が高くなることから記憶成績が高いのに対して，後の方の項目のリハーサル回数は少ないものの，短期貯蔵庫に留まっている可能性が高いことから記憶成績が高いと考えられる。以上より，この結果も二重貯蔵モデルにより整合的に理解できることから，このモデルを支持していると考えられる。

3）データに照らした検証：グランザーとクーニッツ（Glanzer & Cunitz, 1966）の実験1
記憶成績に影響することが予想される要因を操作し，モデルによって予測される結果が得られるかどうかを検証することでもモデルの妥当性の検証が行われる。その例として，グランザーとクーニッツ（Glanzer & Cunitz, 1966）の実験1を挙げることができる。

　彼らは，項目を呈示する間隔（以下，呈示間隔）の異なる3条件を設定し，参加者に20個の単語を1つずつ呈示して記憶するよう求め，すべての単語を呈示した後に，呈示順を気にせずに再生するよう求めた。この実験結果について，二重貯蔵モデルによって次のように予測される。まず，呈示間隔が長くなるほど，項目あたりのリハーサル回数は多くなる。そして，リハーサル回数が多いほど長期貯蔵庫に転送される確率が高くなる。よって，初頭性効果が生じていた系列位置の前の方では，呈示間隔が長くなるほど記憶成績が高くなると予測される。それに対して，系列位置が後の方で記憶成績が高い新近性効果に関しては，短期貯蔵庫で保持されている情報量を反映しているため，系列位置が後の方では呈示間隔の影響は受けないと予測される。

　図4-5には，実際に得られた条件別の系列位置ごとの再生率が示されている。この結果は，二重貯蔵モデルに基づく予測と一致している。すなわち，系列位置の前の方や中間部では，呈示間隔が大きいほど記憶成績が高いのに対して，系列位置の後の方ではその影響は見られてい

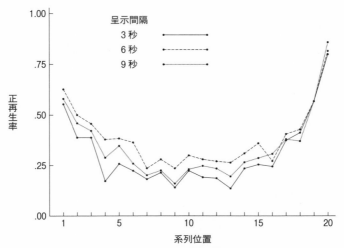

図4-5　グランザーとクーニッツの実験1の結果
（Glanzer & Cunitz, 1966, p. 354より一部改変）

ない。以上より，この結果も二重貯蔵モデルを支持していると考えられる。

4）データに照らした検証：グランザーとクーニッツ（Glanzer & Cunitz, 1966）の実験2
前節で述べた，呈示間隔が系列位置と再生率の関係に及ぼす影響は，二重貯蔵モデルによって
説明可能であり，二重貯蔵モデルの支持的知見と言える。しかし，別の解釈も可能である。す
なわち，系列位置が前の方と後の方では，後の方が条件の違いに対して頑健であるため，呈示
間隔による影響を受けずに済んだという解釈も可能である。この解釈を排除するためには，前
節の結果とは逆のパターン，すなわち，系列位置が前の方は影響を受けないが後の方では影響
を受ける要因が存在することを示す必要がある。

　グランザーとクーニッツは実験2において，まさにこの点を検討している。具体的には，彼
らは，刺激系列の呈示から再生までの時間を操作した検証を行った。この実験では，参加者に
15個の単語を1つずつ呈示して記憶するよう求め，すべての単語を呈示した後に，呈示順を
気にせずに再生するよう求めた。刺激系列の呈示後から再生までの遅延が0秒，10秒，30秒
の3条件設定し，10秒条件と30秒条件では，遅延の間に項目のリハーサルができないよう，
頭の中で計算課題を実施するよう求めた。

　この実験結果について，二重貯蔵モデルを用いて次のように予測される。まず，短期貯蔵庫
ではリハーサルにより情報が保持されるが，リハーサルをやめてしまうと，その情報は15～
30秒程度で短期貯蔵庫から消失してしまう。一方，長期貯蔵庫ではリハーサルを行わなくて
も永続的に情報を保持することができる。また，短期貯蔵庫でリハーサルを多く受けたものほ
ど長期貯蔵庫に転送される確率が高くなる。系列位置が前の方ほどより多くのリハーサルを受
けやすい。以上より，系列位置が前の方はより多くのリハーサルを受けた結果，長期貯蔵庫に
転送される確率が高くなることから，再生までの遅延時間の影響は受けずに，いずれの条件に
おいても再生率が高くなる，すなわち，初頭性効果が生じると予測される。それに対して，系
列位置が後の方は遅延がない場合には短期貯蔵庫に残っている可能性が高いことから再生率が
高くなる，すなわち，新近性効果が見られるのに対して，リハーサルができない状態での遅延
時間が長くなるほど，再生率が低下し，30秒程度経過してしまうと短期貯蔵庫から消失して
しまうため，10秒条件および30秒条件では新近性効果は見られなくなると予測される。これは，

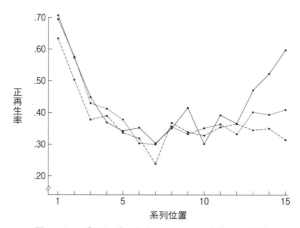

図4-6　グランザーとクーニッツの実験2の結果
（Glanzer & Cunitz, 1966, p. 358より一部改変）

系列位置が前の方でのみ要因の影響を受け，後の方では影響が見られなかった実験１とは異なり，今度は系列位置が前の方には影響が見られず，後の方でのみ影響が見られるという予測となる。

　図４-６には，実際に得られた条件別の系列位置ごとの再生率が示されている。この結果は，二重貯蔵モデルに基づく予測と一致している。すなわち，初頭性効果はいずれの条件でも見られているのに対して，新近性効果に関しては０秒条件でのみ生じている。以上より，この結果も二重貯蔵モデルを支持していると考えられる。さらに重要な点として，この結果は，上述の系列位置による影響の受けやすさによる説明とは一致しないことから，その説明を排除することができる。

●科学的推論におけるバイアスと留意点

　前節では，人の記憶の仕組みに関するモデルである二重貯蔵モデルを具体例として取り上げ，データである実験結果と照らし合わせることを通じてモデルの妥当性が検証され，心の働きが理解される科学的推論の道筋について説明した。人の記憶の仕組みを理解するためには，それに関する仮説であるモデルを構成して終わりではなく，また，モデルから導かれる予測に一致した実験結果が得られたらそれで検証が終わりというわけでもないことが理解できたのではないだろうか。記憶に影響するさまざまな要因を考慮して，いくつもの実験を積み重ねて妥当性を検証していく作業が必要なのである。これは，認知心理学領域に限定されたことではなく，心理学全般に必要とされる営みと言える。以下では，われわれが心の働きや現象について仮説を立て，データに照らして仮説を検証していく科学的推論を行う際に見られるバイアスを紹介し，留意すべき点について述べる。

(1) 科学的推論におけるバイアス：確証バイアスと自分の仮説に対する保守傾向

　ウェイソン（Wason, 1960）は２-４-６課題を用いて，データに基づいて仮説を生成，検証する際に見られるバイアスを明らかにしている。この課題では，参加者は，はじめに ｛2，4，6｝ という数列が与えられ，この数列が従っているルールを発見するよう求められる。その際，参加者が推測したルールに関する仮説が正しいかどうかを確かめるために，３つの数字からなる新しい事例を作って，実験者から正誤のフィードバックを受けるよう指示される。表４-１には，正解ルールが「１桁の数」である場合の参加者の回答例が示されている。この例において，｛2，4，6｝ という事例をもとに「連続する偶数」というルールに従っているという仮説を立てたとする。この時，その仮説を検証するために，｛4，6，8｝ という新たな事例を

表４-１　２-４-６課題の回答例（三輪，2000，p.81）

仮　説	生成事例	方　略	フィードバック
	2，4，6		Yes
連続する偶数	4，6，8	P test	Yes
連続する偶数	20，22，24	P test	No
24の約数	8，8，8	P test	Yes
24の約数	18，100，2	N test	No
24の約数	8，6，4	P test	Yes
24の約数	24，12，8	P test	No
１桁の数	1，1，5	P test	Yes

生成したとすると，この検証方略は，仮説に合致した事例，すなわち，正事例を用いた方略であることからP test（Positive test）と呼ばれる。それに対して，「24の約数」というルールに従っているという仮説を立てた際にこの仮説を検証するために，｜18，100，2｜という事例を生成したとすると，この検証方略は仮説に合致しない事例，すなわち，負事例を用いた方略であることからN test（Negative test）と呼ばれる。また，生成した事例に対して，実験者から与えられるフィードバックは，実験者が設定した正解ルールにその事例が従っている場合は「Yes」，従っていない場合は「No」となる。このうち前者は「確証」，後者は「反証」に相当する。

　ウェイソンはこの2‐4‐6課題を用いた実験により，自分の仮説を支持するデータを選択的に収集する傾向，すなわち，確証バイアス（confirmation bias）が存在することを示している。クレイマンとハー（Klayman & Ha, 1987）によって指摘されているように，仮説と正解の関係によって確証バイアスがもつ意味が異なってくることから，この傾向は必ずしも不適切な「誤った」判断傾向を意味するわけではないが，この傾向は，自らの仮説を守ろうとする傾向を反映しているととらえることができる。また，ガーストら（Garst et al., 2002）によると，手元にあるデータと整合した仮説が既にある場合には，たとえ，よりシンプルな仮説を生成することが可能であっても，仮説を作り変えることが困難であることが示されている。さらに，ルール発見課題を用いて個人の仮説変更プロセスについて検討した中島（1997）によると，たとえ自分で生成した仮説が反証されたとしても，仮説を大きく変更することは困難であり，場合分けを行ってそれぞれの場合にのみ適用される下位ルールを設定するといった部分的な修正が行われやすいことが示されている。以上の知見をまとめると，われわれは，いったん生成した仮説を保持しようとする傾向をもっており，たとえ，データに照らしてその仮説が反証されたとしても，仮説を大きく作り変えることが困難であると考えられる。

(2) 科学的推論における留意点

　上述のように，われわれは自分が生成した仮説を支持するデータを集めようとする傾向がある。また，仮説がデータと整合的である限りは，よりシンプルな別の仮説を考慮することが難しい。さらには，たとえ仮説を支持しないデータが得られたとしても，仮説自体を作り変えるのではなく，そのデータを例外的に扱おうとする傾向にある。これらの傾向は，データに照らして仮説の評価を行う科学的推論をゆがめてしまう危険性がある。したがって，われわれが科学的推論によって心の働きについて理解を試みる際には，この自分の仮説に対する保守傾向を意識しておくことが重要であろう。

　また，単に意識をするだけではなく，1つの実験結果について1つの仮説だけではなく，複数の仮説を考慮することで，自分の仮説に対する保守傾向を是正することが可能かもしれない。グランザーとクーニッツの実験1の結果は，二重貯蔵モデルによる予測と一致していたものの，別の解釈も可能であった。しかし，実験2の結果はこの複数の仮説のうち，二重貯蔵モデルとは整合的であったが，別の解釈とは整合的ではなかった。このように，複数の仮説を考慮して，仮説による予測が異なる実験状況を設定することにより，どちらの仮説が妥当であるかを検討することが可能となる。このような取り組みは単純ではないが，心の働きを理解するうえで有効である。

引用文献

Atkinson, R. C., & Shiffrin, R. M.（1968）. *Human memory: A proposed system and its control processes.* In K. W. Spence & J. T. Spence（Eds.）, *The psychology of learning and motivation: II.* New York: Academic Press.

Garst, J., Kerr, N. L., Harris, S. E., & Sheppard, L. A.（2002）. Satisfying in hypothesis generation. *American Journal of Psychology, 115*, 475-500.

Glanzer, M., & Cunitz, A. R.（1966）. Two storage mechanisms in free recall. *Journal of Verbal Learning and Verbal Behavior, 5*, 351-360.

鹿取廣人・杉本敏夫（1996）. 心理学　東京大学出版会

Klayman, J., & Ha, Y.（1987）. Confirmation, disconfirmation, and information in hypothesis testing. *Psychological Review, 94*, 211-228.

三輪和久（2000）. 共有される認知空間と相互作用による創発の出現可能性　植田一博・岡田　猛（編著）　協同の知を探る――創造的コラボレーションの認知科学――（pp. 78-107）　共立出版

中島伸子（1997）. ルール修正に及ぼす反例遭遇経験の役割：理論の節約性に関するメタ知識の教授の効果　教育心理学研究, *45*, 263-273.

Rundus, D.（1971）. Analysis of rehearsal processes in free recall. *Journal of Experimental Psychology, 89*, 63-77.

Wason, P. C.（1960）. On the failure to eliminate hypotheses in a conceptual task. *Quarterly Journal of Experimental Psychology, 12*, 129-140.

5

臨床実践のための学習心理学（学習心理学）

中谷素之

◉心の専門家にとっての「学ぶ」ことの意義

　悩みや不安，葛藤に向き合い，心理的な課題に取り組もうとしているクライアントに向き合い，その内面を理解しようとしつつ，寄り添いながらともに問題解決に向けて歩む。心の専門家は，クライアントのもつさまざまな感情や思考，あるいは価値観や経験の一端を知り，それらを分かち合い，クライアントに学びながら専門性を高めていく職業であると言えるかもしれない。悩める人を理解し，支援するための知識とスキルには，当然のことながら，専門的知識や準備するための姿勢や態度が求められる。

　心の専門家にとって，臨床実践のための学びは，欠くべからざる重要なものである。とりわけ今日のように社会が複雑化し，技術革新やグローバル化といった動向により，既存の価値観や社会通念が変化しつつある今，企業や組織，あるいは学校や家庭など，社会のあらゆる場面で少なからずストレスや不安が生じている。そこで生じる心理臨床へのニーズを理解し，そのプロセスや背景を理解するには，心の専門家自身が社会の変化やそれが人間の心に与える影響について見解をもち，学ぶ必要がある。人の心に関わる諸問題の理解と支援のためには，心理学の基礎および専門的な知識をもつことが欠かせない。

　本章では，心理臨床の実践を行う専門家になるために必要な，人の学びに関する心理学の理論と知見について概説する。学習に関する研究は幅広くさまざまな立場が存在するが，中でも基本的かつ重要度の高い３つの概念から，心の専門家になるための学習として，そして臨床実践を行い，継続していくうえで必要な学習心理学の知見を考えていく。

◉学びの理論と心理臨床実践における意義

　学びとはどのような営みであると考えられるだろうか。心理学では，古くから学習のとらえ方についてはいくつかの主となる理論が提起されてきた。この節では，近年，特にその重要性が認識されている「認知」「動機づけ」そして「学習方略」に関わる学習心理学の３つのキーワードに注目し，心の専門家に必要な学習心理学の理論と実践の基盤を論じる。各概念の成り立ちや特徴を論じながら，心理臨床の実践のうえでどのような意味をもつのかを考えてみよう。

（1）自分の見方を俯瞰する：メタ認知

　１）メタ認知とは　　学校教育や大学での学習はもちろん，社会人になってからも，人は学び続ける必要がある。とりわけ専門性の高い職業では，自分が学んできた内容だけで対応でき

ることはむしろ少ないとさえ言えるかもしれない。「自分は何を学んできたのか」「自分は何を知っており，何を理解していないのか」という自分の理解への振り返りがたえず必要であるとも言える。

　学習心理学において，自らの理解や思考を振り返る心理的な働きは「メタ認知」と呼ばれ，「自らの認知的活動を対象化してとらえること」，すなわち「認知の認知」として定義される。この機能は，自分が問題を解決したり理解したりするというレベルを越えて，自分自身の問題解決過程を振り返るという一段高いレベルの認知機能を意味するという点で，「高次認知機能」の１つととらえられている（三宮，2008）。

　われわれは学びに関わるさまざまな過程でこのメタ認知を用いていると言える。意識しているかどうかにかかわらず，われわれは何らかの知識を習得し，学ぶ時，自分の理解が十分であるか，誤りはないか，次の課題に向かうにはどうすればよいかなど，メタ認知なしには深い理解をすることは困難である場合がほとんどであろう。

　２）メタ認知の構造：メタ認知的知識とメタ認知的活動　　メタ認知とひとくちに言っても，その内容はさまざまであり，広範囲の認知活動にわたるが，大別して２種類に分けることができる（図５−１）。その１つは，知識に関するメタ認知であり，メタ認知的知識と呼ばれる。たとえば，「自分は数学が苦手だから，時間をかけて勉強する必要がある」といったその人自身の属性に関する知識や，「人は誰でも得意・不得意があり，それに応じた勉強法が必要である」といった，人一般に関する信念や知識に関するものがある。さらに，「英会話では，文法の正確さにこだわるより，基本文型を中心にして発話するのがよい」といった，課題に関する信念や知識もある。これらはいずれも，人や課題について，メタ認知的な知識を有している例である。

　メタ認知のもう１つの種類は，メタ認知の活用の仕方に関するものであり，メタ認知的活動と呼ばれる。これはさらに，メタ認知的モニタリングとメタ認知的コントロールに分けられる。メタ認知的モニタリングとは，課題に取り組み，思考し理解を進める際に，「ここはよくわかっていないな」といったように気づき，一歩立ち止まって考えることや，「この答えでよいか確かめてみよう」といった自己の思考に対して点検することなどが含まれる。

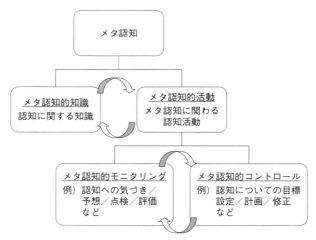

図５−１　メタ認知の構造（三宮，2008をもとに作成）

　このような気づきや点検によって，自分自身の認知をコントロールすることが可能となる。「ケアレスミスしないよう丁寧に問題文を読んで答えよう」といった認知的な構えや，「他によい解き方，考え方がないか探してみよう」といった認知の修正など，課題に取り組む中で，より効果的な考え方や学習方法のために，メタ認知を用いて自身の学習過程をコントロールするのである。

　上記のように，メタ認知的知識とメタ認知的コントロールは密接に関連するものである。メタ認知的知識がメタ認知的コントロールにつながることはもちろん，メタ認知的コントロールを実行することで，自分の認知的な特徴や，課題解決の際の効果的な考え方や知識が身につくこともある。「全部の問題で正解できることを目指して解こう」という目標設定により自身をメタ認知的にコントロールしていたが，実際に問題に取り組むうちに，「全問正解より，理解を定着させるほうが大事」という，本人にとってより重要な気づきに至ることもある。メタ認知的知識が更新されることで，さらなる理解や思考の深化が促される可能性がある。

　3）心理臨床実践におけるメタ認知の意味　　メタ認知の考え方は，もともと認知心理学や学習心理学の領域から提案されたものであるが，その後幅広い心理学・社会科学の諸領域に広がってきている。「自分の考えや理解を俯瞰し，振り返り，コントロールする」というメタ認知の過程は，人の認知活動の中核部分であり，いわゆる教科教育や知的な課題解決にとどまらず，人の認知的・情緒的なコミュニケーション全般にも深い関わりがある。

　心理臨床実践のために必要な知識や技術は膨大であり，単に時間をかけて覚え，練習するだけで乗り越えられるものではない。心理学や臨床心理学に関するさまざまな基本的，そして応用的な内容について，体系的に学ぶこと，そしてその知識や技術を自分の特性や価値観にあわせて身につけ，実践することが求められる。そこでは自分の学んでいる内容について，メタ認知的な知識を駆使しながら，習得しやすい方法で学べるようなモニタリングやコントロールといったメタ認知的活動を実施する必要がある。

　心の問題を抱えるクライエントの状況や課題を理解するためにも，メタ認知は重要な役割をもつ。心の専門家が支援を行おうとする際，正しく偏りや先入観のないクライエントの理解やその状況や経緯の把握は必要不可欠である。学習課題以上に，対人的な理解やコミュニケーションの過程では，恒常的に認知的・メタ認知的な活動が伴っているとも言える。自分の言葉の伝わり方や，相手の言葉の背後にある気持ちや理由を推し量りながらコミュニケーションする臨床実践では，カウンセラーが自分の言動に対して慎重かつ正確で柔軟な理解や振り返りができていることが重要である。

　また心理療法の考え方の中にも，メタ認知は重要な要素として位置づけられている。認知療法，認知行動療法などのさまざまな治療法の中で，問題解決の過程においてメタ認知の働きが注目されている。たとえば，近年の臨床心理学，犯罪心理学領域の研究レビューによって，矯正教育におけるメタ認知的な理解と介入の重要性が指摘されてきている（大江・亀田，2015）。また，神経症的な症状だけでなく，精神疾患に対するメタ認知構造を踏まえた心理療法の実践についても報告されており（渡辺，2013），より深刻な精神的な病理に対しても，メタ認知の機能を考慮して治療の枠組みを考えることに重要な意味があると言えるであろう。さらには，メタ認知そのものを中核とした新しい心理療法の考え方であるメタ認知療法という動向も見られるようになっており（たとえば熊野，2010），メタ認知を不適応や心理的課題の解決に活か

そうとする試みはとみに高まっている。このように，メタ認知の考え方，理論とその実践は，心の専門家，実践者にとって，今後，特に重要な知識そしてスキルとなると言えるだろう。

(2) 学びをコントロールする：自己調整学習

「学ぶということは，知識を記憶し，必要に応じて再生していくことである」。学習に対するこのような従来考えられてきた見方は，社会的，技術的な変化の激しい現代では，大きく変化している。学びはつとめて主体的なものであり，学習の主体が課題や状況に取り組むことで，その意味が形成される。このような主体的な学びのありかたは，わが国の学習指導要領や，世界的な主な教育目標と考えられるOECD Desecoによるキー・コンピテンシー（Key competency）という概念にも示されているものである。学習心理学において，主体的な学びを概念化する，今日注目される理論として，自己調整学習が挙げられる。

1）自己調整学習とは　　学びは受動的で機械的なものではなく，能動的で精緻で深化するものである。このような学習に対する基本的な考えは，近年注目される自己調整学習（Self-regulated learning）において理論化されている。自己調整学習研究の提唱者であり中心的役割を果たしてきたジマーマンによれば，自己調整学習とは「学習者が，メタ認知，動機づけ，行動において，自らの学習過程に能動的に関与していること」と定義される（Zimmerman, 1989）。

自己調整学習のプロセスは，重要な3つの段階から構成される。すなわち，予見段階，遂行段階，そして自己内省段階の3つである（e.g., Zimmerman, 1998 図5-2参照）。

第1の予見段階は，学習における見通しを立て，目標を設定する段階を指す。学習に当たり，どの程度「できそうだ」という自信をもって学習に取り組めそうかという自己効力感，あるいは「面白そう」「やってみたい」という興味などを含む，実際に課題に取り組む前の準備段階を意味している。

第2の遂行段階は，学習の遂行過程で自らの行動を調整したり，促進／抑制したりする段階である。自分の思考や行動をモニタリングしたり，教材や課題の中の難しい箇所に注意を焦点化し，課題の解決に取り組んだりするなどがこれに当たる。そして第3の段階である自己内省の段階は，課題遂行後に生じるプロセスであり，達成の程度を自己評価したり，結果の原因について推論する原因帰属などがそれである。

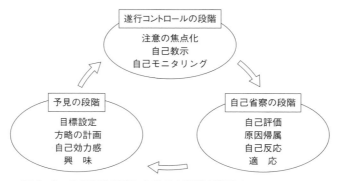

図5-2　自己調整学習における3段階の過程（Zimmerman, 1998）

　これらの3つの段階は，相互に循環的に関わると考えられている。つまり，予見段階でどのような目標を設定し，効力感を有するかは，遂行段階で，学習のどの側面に焦点化するかや，自身の学びのモニタリングに影響する。さらに，学習への取り組みの質により，結果をどうとらえ，自己評価するか，といった省察段階も異なったものになる。このような学習の各段階が循環的に関わるというダイナミックなモデルが，能動的な学習過程をモデル化する自己調整学習の特徴であると言える。

　2）自己調整学習を促進する　学習者自身が自らの学習において適切な目標設定や課題を選択し，遂行において困難に当たっても認知や情動を自己調整し，さらに得られた成果を積極的に自己評価し，より内的で統制可能な帰属を行ったり，肯定的な感情を有するといったプロセスを獲得することが，自己調整学習の1つの目標である。このような自己調整的な学習者（Self-regulated learner）になるために，実践的な介入や支援のプログラムも開発されるようになった。

　近年ジマーマンらは，自己調整学習を促進するための実践的な介入プログラムを作成し，その効果について検討している（e.g., Cleary & Zimmerman, 2004; Zimmerman & Cleary, 2009）。これは自己調整促進プログラム（The Self-Regulation Empowerment Program; SREP）と呼ばれるものであり，学習のリスク（低学力）のある生徒に自己調整過程と動機づけを支援することで，学力を改善することを目指すものである。

　プログラムの最初の段階ではまず，生徒に対する診断的評価が行われる。第1に，クラスでの学習の様子を授業のレポートや教師へのインタビューを通じて把握し，第2に，テストや学業成績から，学力の水準をつかむ。第3に，生徒が日常的にどんな学習方略を行っているかを自己報告や構造的インタビューによって調べ，第4に，実際の学習課題において，生徒がどのような課題選択や方略を用いているかを発話分析などのマイクロ分析の手続きによって評価する。

　上記のような丁寧な学習者の状態の判断，評価に基づき，プログラムの後半では，自己調整促進のための介入が行われる。そのステップは，エンパワメント，学習方略，循環的フィードバック・ループの3つであり，それぞれの介入の目的およびその達成のための介入方法が設定されている。クレアリーとジマーマン（Cleary & Zimmerman, 2004）によるプログラム実践の結果では，インデックス・カードやノートの朗読，グラフ化やクイズなどの具体的な介入方法によって，テスト（知識クイズ）の得点が向上したことが見出されている。このような自己調整学習を支援し促す枠組みは，学校や教室での実践的応用を重視したプログラムであり，理

表 5-1　**自己調整学習促進のための介入の目標と手続き**（Cleary & Zimmerman, 2004）

介入段階	介入段階の目標	介入
エンパワメント	学習の遂行と過程全体において，生徒のコントロールの認知を強化すること	セルフ・モニタリング，グラフ化手続き
学習方略	生徒にさまざまな学習方略と自己調整方略を教えること	認知的モデリング，認知的コーチング，実践のガイド
循環的フィードバックループ	生徒に，予見，遂行コントロール，自己省察の各段階を循環的に用いる方法を教えること	自己調整のグラフ，認知的モデリング，認知的コーチング

解や習得に問題を抱える学習者の理解と支援のために重要な意味をあるものである。

　加えて，実際の学習場面では，すべての授業や指導でプログラム化された実践が可能なわけではなく，また教師から学習者への一方向的な指導のみで成立しているわけではない。すなわち，教師の資質や，その指導がどのように学習者の理解や反応を引き出し，次の指導に活きるのか，という相互の影響が生じている。ハティ（Hattie, 2009）は，自己調整学習を含む多くの学習指導研究の効果をメタ分析し，そこから，教師が生徒の学習に最大の効果を果たすためには，単に教師による指導の効果だけではなく，教師と学習者の，あるいは学習指導や学校要因の相互影響過程に焦点を当てることが重要であると主張している。すなわち自己調整学習の視点から言えば，学習者の自己調整の特性に応じて，教師がどのようなフィードバックすることが，よりよい自己調整の促進につながるかを理解することが重要だと言えるだろう。

●学び続けるプロフェッショナルとしての心の専門家

　すぐれた心の専門家になることは決して簡単なことではない。その難しさの1つは，心の問題を理解し解決するためには，一度学んだ知識に基づくのみでは専門家としての力量を発揮するには十分ではなく，新たな知識や技術，経験を積み重ねが必要である点にある。変化の激しい現代社会では，知識や技術はごく短期間に新たなものに変わり，目の前で心の問題を抱えるクライアントの理解や支援にも，当然ながらそのような不断の更新が必要である。自ら問題意識をもち，専門家として成長し，学び続ける。自己調整学習の考え方は，このような，新たな状況に直面し，成長し続けるプロフェッショナルの学びを説明する最適のモデルと言える。

　このような学び続けるプロフェッショナルをいかにして育てるかに関して，医学教育の領域で興味深い研究知見が見られている。松山（Matsuyama et al., 2018）は，医学生の自己調整学習に関して，実際に地域医療を行う地域診療医との比較から，質的な検討を行った。すなわち，自治医科大学生11名と，同大卒業の地域総合診療医10名を対象に，自らが初めて遭遇した疾患を自己学習した経験について想起し，その学習に対してどのようにして自分自身を動機づけし（予見段階），学習を行ったか（遂行段階），そしてその成果をいかにして振り返ったか（省察段階）という3点から，疾患に関する自己調整的な学習のプロセスは，実践者と医学生ではどのような差異があるのかに焦点を当てた。

　グラウンデッドセオリー（GT）という質的な分析の結果，2つのグループでは学習の文脈による対照的な自己調整学習の過程が明らかにされた。すなわち，地域診療医では，自らの役割や責任を認識しているのに対し，医学生は学生集団の一人として自己を認識していること，課題分析においては，地域診療医は誤りが患者の生命に直結することから不適切な学びは許されないという真剣さや高い動機づけを有しているのに対し，学生ではそのような真剣みは高くないこと，そして課題に対応する方略では，地域医療診療医ではさまざまな方法を戦略的に用いるのに対し，学生は単一の方法で課題を解決しようとする傾向が見られた。

　実際に地域診療を行っている経験による影響はもちろんであるものの，医学生はさまざまな実習や実地研修などを受けているにもかかわらず自己調整的な視点が抑制されていた背景には，医師教育におけるテスト主義，教師主導の学習文脈があることが考えられた。一方で，同一の大学で医学教育を受けたものでも，その後実際に現場に立つ地域診療医では，自分の役割や専門性の認識から，新たな疾患に対して柔軟で多面的な課題分析や学習方略を用いて理解し対応していた。

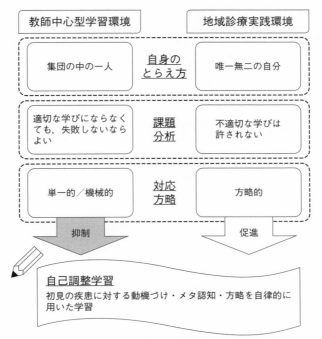

図 5-3　自己調整学習を促す地域総合診療と教員中心型教育の環境・文脈の対比
（Matsuyama et al., 2018 をもとに作成）

　このことから，ヒューマンサービスにおいて未知の課題に向き合う際には，単に知識面での対処に依存するのではなく，ニーズをもつ相手の状況や困難さに共感し，プロフェッショナルとしての自覚，自己像をもつことが，より深く多面的な方略の使用へと動機づけ，課題解決の可能性を高めるというプロセスが示唆される。心理臨床においても，専門家としての心の理解や支援を実践する際には，これまでに経験のないクライアントの問題や状況，あるいは疾病や障害に直面することは少なくないだろう。その都度，知識としてはもちろん，プロフェッショナルとしての自己像をもち，自己動機づけを維持しながら柔軟に学び，よりよい臨床実践に活かしていくことが特に重要となる。社会情勢の変化や技術革新が著しい今日，学校で学んだ知識だけでその後の長きにわたって対処できるような心の専門家はほとんどいない。心の専門家も，日々，知識やスキルを更新し，熟達し自己調整的に学び続けることが，よりよい実践のためには必須のものなのである。

引用文献

Cleary, T. J., & Zimmerman, B. J. (2004). Self-regulation empowerment program: A School based program to enhance self-regulated and self-motivated cycles of student learning. *Psychology in the Schools, 41*, 537-550.

Hattie, J. A. (2009). *Visible learning: A synthesis of over 800 meta-analyses relating to achievement.* New York: Routledge.

熊野宏昭（2010）．新世代の認知行動療法入門（6）メタ認知療法（その1）メタ認知の内容を変えることで認知の機能を変える　こころの科学，*154*，133-139．

Matsuyama, Y., Nakaya, M., Okazaki, H., Leppink, J., & van der Vleuten, C. (2018). Contextual attributes promote or hinder self-regulated learning: A qualitative study contrasting rural physicians with undergraduate learners in Japan. *Medical Teacher, 40*, 285-295.

大江由香・亀田公子（2015）．犯罪者・非行少年の処遇におけるメタ認知の重要性―自己統制力と自己認識力，社会適応力を効果的に涵養するための認知心理学的アプローチ― 教育心理学研究, *63*（4），467-478.

三宮真智子（2008）．メタ認知―学習力を支える高次認知機能 北大路書房

渡辺克徳（2013）．メタ認知構造を意識した統合失調症患者へのアプローチに関する一考察 心理臨床学研究, *31*, 736-746.

Zimmerman, B. J.（1989）. A social cognitive view of self-regulated academic learning. *Journal of Educational Psychology, 81*, 329-339.

Zimmerman, B. J.（1998）. Developing self-fulfilling cycles of academic regulation: An analysis of exemplary instructional models. In D. H. Schunk & B. J. Zimmerman（Eds.）, *Self-regulated learning: From teaching to self-reflective practice*. NewYork: Gilford Press.（塚野州一（編訳）（2007）．自己調整学習の実践 北大路書房）

Zimmerman, B., & Cleary, T.（2009）. Motives to self-regulate learning: A social cognitive account. In K. R. Wenzel & A. Wigfield（Eds.）, *Handbook of motivation at school*（pp. 247-264）. New York: Routledge.

6

共通性と個別性を理解する
(パーソナリティ心理学)

小塩真司

●パーソナリティとは何か

　性格，人格，パーソナリティと，これらは同じような概念であるにもかかわらず，異なる呼び方がなされる。以前は，characterという単語の訳語として「性格」が，personalityの訳語として「人格」が用いられることが多かった。Characterという単語はもともとギリシャ語やラテン語の彫り込むもの，という意味から来ており，そこから独特なしるし，さらには特徴的な性質という意味へと広がっていった単語である。Personalityは，ラテン語で仮面を表すペルソナに語源をもつpersonが，個人の特徴を表すように変化した単語である。そこから，性格はより根本的な個人の特徴であり，人格はより表層的な特徴であるという議論がなされることもある。

　ところが，英単語のcharacterには「望ましい個性」としてのニュアンスが含まれている。オールポート（Allport, 1937）は，personalityは価値を取り除いたcharacterであると指摘しており，研究においては価値中立的なpersonalityの使用を推奨した。またcharacterは特定の文脈で選択的に用いられる単語でもある。たとえば character strengths（性格特性的強み; 高橋・森本, 2015）やcharacter education（品格教育; 青木, 2014）という専門用語でこの単語が使われているように，characterには望ましい個人差特性であるというニュアンスが含まれている。一方で日本語の人格と性格という単語を比較すると，「彼は人格者だ」という表現に違和感がないように，人格という単語には望ましいニュアンスが含まれているのに対し，性格という単語にはそのようなニュアンスは含まれていないように思われる。実際には，personalityを「人格」と訳すケースも「性格」と訳すケースも存在しており，英単語と日本語との対応は明確ではない。

　これらのことから，近年では「性格」と「人格」の細かな意味の違いを追究するよりも，統合的に「パーソナリティ」という言葉を用いるという選択が増えている。本書でも，これ以降は用語として固定化されている表現を除き，パーソナリティという用語で表現する。

　なお，乳幼児期の心理学的個人差や，それ以降であっても生物学的，遺伝学的な基礎をおくと仮定される心理学的個人差を気質（temperament）と呼ぶ。気質とパーソナリティは明確に分かれるものではなく，その概念をどのように定義しているかによる。しかしいずれにしても，言語を十分に使用することが難しい乳幼児期の個人差は気質，言語を比較的十分に使用す

ることができるようになる児童期以降の個人差をパーソナリティと呼ぶことが多い。

　パーソナリティとは何かということも，回答が難しい問いの1つである。パーソナリティには研究者の数だけその定義があるということは，これまでにもよく指摘されている（Hall & Lindsey, 1957）。

　たとえばオールポート（Allport, 1937）は，「パーソナリティは，環境に対するその人の独自な適応を決定する，個人の中にある精神物理学的なシステムの力動的な機構である（p.48）」と述べている。ここでは，パーソナリティが個人の中に仮定されており，環境との相互作用によって適応や不適応につながることが想定されている。またキャッテル（Cattell, 1965）も，パーソナリティをある場面においてその個人がとる行動を決定づけるものであると定義しており，やはり個人の中にパーソナリティを仮定する。

　確かにパーソナリティは個人の中に仮定されるが，それは現実かつ物理的に存在する物質のようなものではない。それは現実を説明するために仮定された，一種の構成概念である。このような観点からの定義としては，次のようなものがある。

　パーヴィン（Pervin, 2003）は，より包括的なパーソナリティの定義として，人の生活に方向性と一貫したパターンをもたらす認知・感情・行動の複雑な体制であり，身体のように構造とプロセスをもち，遺伝と環境の両方を反映し，さらに過去の影響や過去の記憶も含むものであり，同時に現在や未来の状態も含むものであると述べている。また，渡邊（2010）は，パーソナリティ概念そのものに焦点を当て，人がそれぞれ独自で，かつ時間的・状況的にある程度一貫した行動パターンを示すという現象，およびそこで示されている行動パターンを指し示し，表現するために用いられる概念であると述べている。これらの定義は，まずパーソナリティが概念であること，また概念でありつつもそこには行動の反映，過去の経験の蓄積や将来の予測などさ多くの要素を含むものであることを示している。

●類型と特性

　パーソナリティのとらえ方には，大きく分けて類型論と特性論と呼ばれる2つがある。類型論は，人々をいくつかのグループに分け，それぞれのグループに典型的なパーソナリティの記述を付与するとらえ方である。その一方で特性論は，人々に共通するパーソナリティの要素を考え，個人の中に複数の要素が混在しつつ，それぞれを量で表現するようなパーソナリティのとらえ方である。

　類型論は人々を大まかに分類することから，目の前の人を「このような人物である」と明確に記述しイメージを掴むのに適している。その一方で，細かい変化や発達，また人々の間の微妙な差異を記述することに適しているとは言えない。

　特性論は，一人の人物を複数の観点から多面的に記述することに適している。微妙な変化や差異を記述することも可能である。その一方で，記述の詳細さは全体的な印象の形成にとっては欠点ともなり得る。細かく記述されているものの，全体的にどのような人物であるかというイメージの形成には適していない可能性もある。

　類型論と特性論はともに，われわれが複雑な人間の姿をどのように要約して見るかという工夫が表れた結果だと言える。われわれは人間を見る際に，集団を基準とするか，要素を基準とするかという見方に制約されるのである。これは，どちらの方が優れているかという問題ではない。類型論と特性論の長所と短所は互いに補い合うような関係にあることから，どのような

説明の方法を選択するかという問題だと考えられる。

(1) 類型論

　歴史的に重要な類型論の1つは，古代ギリシャ，ローマ時代から伝わる四気質説である。古代ギリシャの医師であるヒポクラテス（Hippocrates）の説をローマ時代の医師ガレノス（Galen）が気質に結びつけることで，人間に備わった4つの体液と4つの気質からなる類型論が完成した。四気質説の詳細を表6-1に示す。四気質説は古代ローマ時代から中世イスラム世界へと伝わり，ルネサンス期にふたたびヨーロッパに広がるとともに，多くの著作の中に取り入れられ，学問の中で人間を分類する試みの基礎を形成したという点で重要なものである。

　クレッチマー（Kretschmer, 1921 斎藤訳 1944）は，人間の体格そのものに興味を抱いており，精神病院に入院している患者の体型を測定することを試みていた。その中で，肉づきの少ない細長い体型が統合失調症患者に多く，脂肪の多い肥満型の体型が躁うつ病患者に多いことを見出していった。さらにその後，筋肉が発達した体型とてんかんが結びつけられ，さらに各病理の病前性格にも体型が結びつけられていくことで，一般法則として体型とパーソナリティ（気質）との対応が考えられていった（表6-2）。

　その他，ユング（Jung, C. G.）は関心や興味が自分の外の世界に向けられているか，それとも自分の内側に向けられているかという観点から人々を「外向型」と「内向型」に分類する類型論を提唱した。またシェルドン（Sheldon, W. H.）は，クレッチマーのような体系の分類を一般の人々にも当てはまるかどうかを検討した。丸みを帯びた体型である内胚葉型は安らぎを求め（内臓緊張型），筋肉質の中胚葉型は騒々しく攻撃的で（身体緊張型），痩せた体型である外胚葉型は孤立しがちな気質（大脳緊張型）を示すという。ブロック（Block, J.）は，エゴ・

表6-1　四気質説（小塩, 2010）

体液	気質		季節	元素	特徴
血液	多血質	(sanguine)	春	空気	快活，明朗，社交的など
黄胆汁	胆汁質	(choleric)	夏	火	せっかち，短気，積極的など
黒胆汁	黒胆汁（憂うつ）質	(melancholic)	秋	地	用心深い，心配性，不安定など
粘液	粘液質	(phlegmatic)	冬	水	冷静，堅実，勤勉など

表6-2　クレッチマーの類型（小塩, 2010）

体型	病理	気質の名称と内容
細長型	統合失調症	分裂気質 ●内気，静か，まじめ ●臆病，恥ずかしがり屋，神経質 ●従順，善良，正直，愚直
肥満型	躁うつ病	躁うつ気質，循環気質 ●社交的，親切，温厚 ●明朗，活発，ユーモア ●冷静，気が弱い
闘士型	てんかん	粘着気質 ●執着する，変化が少ない，几帳面，秩序を好む ●融通が利かない

コントロールとエゴ・レジリエンスという概念からパーソナリティの類型を試みた。レジリエンス群は自分自身を適切に統制することができ適応的，オーバーコントロール群は衝動を過剰に抑制して表に出さない傾向，アンダーコントロール群は衝動や欲求の抑制が弱く表に表れやすいという特徴を示す（畑・小野寺，2014）。

(2) 特 性 論

　特性論では，人々に共通するパーソナリティの要素を問題とする。そこでは，パーソナリティ特性がいくつ存在するかという点が問題となる。

　パーソナリティは言語で表現される。そして，パーソナリティ用語とは，人間を言語で比喩的に表現したものであるととらえることも可能である。そこで，多くの人々が共通して抱いている人間に対する表現であるならば，その言葉は辞書の中に収録されているはずだと考えることもできる。このような仮定に基づく研究を心理辞書的研究といい，実際に研究を遂行する試みを語彙アプローチと呼ぶ。このようなアプローチを最初に試みたのはゴルトン（Galton, 1884）だと言われている。そして，本格的に辞書から単語を抽出して整理を行ったのが，オールポートらである（Allport & Odbert, 1936）。人間の特定の行動を他の行動と区別できるかどうかという観点から，17,953語を抽出して整理を試みた。その中で，比較的安定した特徴であり価値判断をあまり含まない，パーソナリティ語として適切だと考えられた4,504語をリスト化した。

　日本でもこのような試みは行われており，たとえば古浦（1952）はオールポートらと同様の手続きによって1,796語を整理している。また青木（1971）は個人の傾向性という実在に対する中性語すなわちパーソナリティ用語として455語を報告している。村上（2002）は広辞苑からパーソナリティ語を抽出することで934語のリストを作成した。さらに橋本（2018）は，2冊の辞書を用いることでより網羅的に人と関わる際の性格（対人特性語）の抽出を試みており，その手続きの中で938語の一般的なパーソナリティ語を整理している。

　単語が抽出された後は，その単語をどのように整理していくかが問題となる。そこで用いられたのが，知能の研究の中で発展してきた因子分析である。単語を用いて自分自身や他者を評価すると，類似した単語は同じように評価され，無関連の単語は互いに無関係に評価される。この類似度の情報を集約する方法として，因子分析が用いられた。たとえばキャッテル（Cattell, 1956）は因子分析を用いて単語を整理し，12の根源特性を見出した。後にこの因子は16の特性にまとめられ，16PFと呼ばれるパーソナリティ検査へとつながっていった。アイゼンク（Eysenck, H. J.）は，パーソナリティの基本的な次元として，不安や抑うつを抱きやすい傾向を意味する神経症傾向，個人の志向性が外を向くか自分の内側を向くかという外向性，そして衝動性の自己制御に関わる精神病傾向という3つの特性を想定するPEN（Psychoticism-Extraversion-Neuroticism）モデルを提唱した。

　さまざまな試みが行われる中で，トゥーペスとクリスタルは異なる人々を対象にした複数のデータセットに共通する5つの因子を見出した（Tupes & Christal, 1961）。またノーマン（Norman, 1963）やディグマンら（Digman & Takemoto-Chock, 1981），そしてゴールドバーグ（Goldberg, 1992）によってまとめられたのが，5つの次元で人間のパーソナリティ全体を記述するBig Fiveと呼ばれるモデルである。またコスタ（Costa, P. T.）とマクレー（McCrae, R. R.）は，過去のさまざまな研究をまとめていくことで5つの因子にたどりついている（McCrae

& Costa, 1987）。これを 5 因子モデル（Five Factor Model）と呼ぶが，Big Fiveと 5 因子モデルは共通の 5 つのパーソナリティ特性をもつ。

●Big Five

　Big Fiveは，外向性（Extraversion），神経症傾向（情緒不安定性；Neuroticism），開放性（経験への開放性；Openness），協調性（調和性；Agreeableness），勤勉性（誠実性；Conscientiousness）という 5 つの特性で構成される。5 つの特性の頭文字をとり，OCEANモデルと呼ばれることもある。さらに，それぞれの特性の下位にはファセットと呼ばれる下位次元があり，上位には 5 つの次元をさらにまとめる超次元が想定される。先に検討した 1 つひとつの単語を起点とし，そこから上位に階層構造的にまとめていくことをイメージすると良いだろう。そのある段階がBig Fiveであり，その上にも下にもまとまりの構造が存在している。たとえば，外向性と開放性の上位には柔軟性（plasticity），協調性・勤勉性・神経症傾向（の逆）の上位には安定性（stability）と呼ばれる因子が想定されている（DeYoung et al., 2002）。そして，さらにその上位に一般的なパーソナリティの総合因子（GFP; General Factor of Personality）を想定する研究者もいる（Rushton & Irwing, 2008）。

　Big Fiveの各特性の特徴を表 6-3 に示す。以下では，それぞれの特性の特徴を簡単に示していきたい。

　外向性（対内向性）はユング（Jung, C. G.）のパーソナリティ類型でも用いられており，1930年代から向性検査として測定されるなど（淡路・岡部，1932），古くから注目されてきたパーソナリティ次元である。外向性の中心的な特徴は，活発さや精力的であること，そして強い刺激を求める傾向にある。刺激を求めることから一人でいるよりも他の人といることを好み，会話も厭わない。また笑顔や明るい表情でいることが多く，ポジティブな感情を抱きやすい傾向がある。一般的に外交性と間違って記述されることが多いが，逆が内向性であることからも外向性の記述が正しい。外向性の短所は，危険な行動につながる可能性を高める点にある。

　神経症傾向は，情緒不安定性と記述されることがあり，また得点を逆転させて情緒安定性と記述されることもある。神経症傾向に類似した概念は，1910年代に戦争ストレスの研究で用いられており，1930年代にもサーストンによって神経症傾向の測定尺度が構成されている（Thurstone & Thurstone, 1930）。アイゼンク（Eysenck, H. J.）は，外向性と神経症傾向という基本的な 2 次元を測定するモーズレイ性格検査（MPI）やアイゼンク性格検査（EPI）を構成した。神経症傾向は全体的な感情の不安定さを反映しており，特にネガティブな感情に関連する。また，他者からの評価やストレスへの脆弱さにも関連する点が特徴である。神経症傾向は基本的にネガティブな結果をもたらす特性とされるが，その一方でネガティブな感情は危険を敏感に察知する警告のような働きをするとも考えられる。

　開放性は，「有能な」「才能のある」「知的な」といった単語の集まりとして記述される次元である。この次元はさまざまな呼び方がされてきており，これまでに「知性（Intellect）」「文化（Culture）」「遊戯性」そして「経験への開放性」などの名称が用いられてきている。開放性の高さは，多くの新しい物事に対して好奇心を抱くこと，これまでに経験したことがない体験を求めること，因習にとらわれず新しい考え方を許容することなどの特徴を表す。開放性は創造性にも関連するが，時にその思考は現実を離れた突飛なものとなる可能性もある。

　協調性（調和性）は，いわゆるやさしさを反映した特性である。他の人を立て，自分は一歩

表6-3　Big Fiveパーソナリティの各特性

特性	内容	ファセット
外向性	活発で精力的，強い刺激を求め，一人でいるよりも他者と一緒にいることを好む。	有効性，群居性，自己主張性，活動性，刺激希求性，よい感情
神経症傾向（情緒不安定性）	感情の起伏が強く，不安や抑うつ，怒りなどを抱きやすい。ストレスに対処することが苦手で他者の視線を気にする。	心配性，敵意・怒り，抑うつ，自意識，衝動性，傷つきやすさ
開放性	空想や想像するのが好きで，抽象的な思考を好む。新しいことを好み，伝統にとらわれない思考をする。	空想，芸術への関心，内的感情，冒険心，知的好奇心，進取的価値観
協調性（調和性）	やさしく寛大で，自分よりも他者の利益を中心に考える。人の気持ちを察する傾向があり，人を信じやすい。	信じやすい，素直・実直，利他性，従順さ，謙虚さ，同情・共感
勤勉性（誠実性）	計画性があり，目標に向けて集中して努力する傾向がある。頼りがいがあり，効率性を重視する。	効力感，秩序の重視，責任感，達成追求，自己統制，用心深さ

注．ファセットはNEO-PI-Rによる。

引いた状態で接し，他の人が失敗しても寛大な気持ちを示し，面倒見がよく，人の気持ちを感じやすく，そして人が言うことを信じやすい傾向が，協調性の特徴である。協調性の低さは，攻撃性につながる。またマキャベリアニズム，サイコパシー，ナルシシズムの3特性からなる反社会的なパーソナリティ特性群であるDark Triadも，協調性の低さが特徴とされる。協調性の高さは円滑な人間関係を営むうえで重要ではあるが，競争を避けることや人を信用することが実生活の中で好ましくない結果をもたらす可能性もある。

　勤勉性は，いわゆるまじめさを表す特性である。この特性の高い者は，ものごとを計画的かつ効率的に遂行し，秩序を重んじる傾向がある。また，自己統制的な行動にも関わっており，無軌道な行動を慎み，堅実な日常生活を送る傾向がある。勤勉性の高さは日々繰り返される社会生活を営むうえで重要だと考えられるが，この傾向は完全主義的で融通の利かない行動へとつながる可能性もある。

●Big Fiveと他のパーソナリティとの関連

　パーソナリティ特性はBig Fiveだけでなく，多種多様な概念が研究の対象となっている。しかし，Big Fiveはその多様性の中で，互いを結びつけ解釈する助けとなっている（小塩，2018）。ここでは，いくつかの概念を取り上げながら，パーソナリティ間の関連を検討する。

（1）ポジティブな特性

　自尊感情は，これまでに世界中で最も研究の対象となってきた心理特性の1つだと言える。自尊感情とは人々が自分のことを好ましいと思ったり，自分を有能だと信じたりする程度を反映した自己の評価的側面であり（Zeigler-Hill, 2013），自分自身に対する全体的な評価感情の肯定性，つまり自分自身を基本的に良い人間，価値ある存在だと感じる傾向（遠藤，2013）を意味する。自尊感情とBig Fiveとの関連からは，おおよそ神経症傾向と負，外向性と正，そして勤勉性と正の関連が示されており，協調性や開放性とはあまり関連が示されない傾向にある（Robins et al., 2001）。

　自尊感情と同様にポジティブな特性として，楽観性がある。ただし，自尊感情が自分自身を評価の対象とするのに対し，楽観性は将来のポジティブな結果を期待する傾向であるという点で異なる。Big Fiveと楽観性の関連を検討した研究によれば，楽観性には神経症傾向が負，外

表 6-4　Big Five と自尊感情・楽観性・レジリエンス・マインドフルネス・グリット

	自尊感情[1]	楽観性[2]	レジリエンス[3]	マインドフルネス[4]	グリット[5]
外向性	**.40**	**.48**	**.44**	.16	**.23**
神経症傾向	**-.61**	**-.57**	**-.49**	**-.48**	**-.31**
開放性	.16	.16	**.36**	.19	**.30**
協調性	.11	**.32**	**.32**	**.42**	.17
勤勉性	**.37**	**.38**	**.45**	**.49**	**.58**

注．.20以上の相関係数を太字にしている。1．Robins et al.（2001）によるメタ分析より。2．Sharpe et al.（2011）のサンプル1の結果より。3．Oshio et al.（2018）のメタ分析より。4．Hanley et al.（2018）より。5．竹橋ら（2019）より。

向性・協調性・勤勉性が正の関連を示し，開放性はあまり関連していない様子が報告されており（Sharpe et al., 2011），自尊感情とは協調性の関連が異なっている。

　ポジティブな心理的傾向として，レジリエンスも重要な概念である。レジリエンスは，困難な出来事に遭遇した時に一時的に不調に陥ったとしても，そこから回復する現象や回復に寄与する心理的な特徴のことを指す。Big Five とレジリエンスとの関連を検討したメタ分析によれば，開放性を含めいずれの特性も中程度以上の関連を示すことが報告されている。

　マインドフルネスとは，今この瞬間に生じている出来事や経験に注意を向けることであり，さまざまな心理治療に応用される技法である。その一方で，マインドフルネスを心理特性の個人差としてとらえる立場もあり，尺度で測定されている。Big Five とマインドフルネスとの関連を検討した研究によると，外向性と開放性の関連は小さく，神経症傾向と負，協調性・勤勉性と正の関連が示されている（Hanley et al., 2018）。マインドフルネスと関連を示した3特性は，Big Five の上位に位置する安定性に相当する。

　グリットは，長期的な目標に対する情熱や粘り強さをあらわす特性である。物事を成し遂げることや，退学や退職の少なさを予測するなど，現実の好ましい結果を予測する特性として注目されている。Big Five とグリットとの関連では，勤勉性との間の高い正の関連が特徴的である（竹橋ら，2019）。

(2) 反社会的な特性

　21世紀に入ってから注目を集めたパーソナリティ特性群として，Dark Triad を挙げることができる。Dark Triad とは，自分の有利なように他の人を操作するマキャベリアニズム，感情や良心の呵責が欠如するサイコパシー，誇大感や優越感を中心とするナルシシズムという，互いに関連する3つの特性で構成される複合体である。Dark Triad は Big Five の協調性との間に負の関連を示すことが知られている。日本ではナルシシズムについては明確ではないものの，マキャベリアニズムとサイコパシーとの間には負の関連が報告されている（表6-5；田村ら，2015）。

　攻撃性は，攻撃に至りやすい心的状態を指す言葉である。表6-5には，攻撃的な情動の抱きやすさと，身体的な攻撃性と Big Five との関連を示している（Barrett & Anderson, 2012の一部）。攻撃性はいずれも，協調性および勤勉性と負の関連を示すことが特徴的であり，情動面では神経症傾向とも正の関連を示す。これは，神経症傾向の情緒不安定的な特徴の反映であると考えられる。

表6-5　Big FiveとDark Triad

	Dark Triad[1]			攻撃性[2]	
	Mac	Psy	Nar	攻撃情動	身体的攻撃
外向性	-.01	-.13	.19	-.17	.12
神経症傾向	.04	.01	.06	**.49**	.01
開放性	-.02	-.02	.15	-.18	-.05
協調性	**-.31**	**-.35**	-.11	**-.36**	**-.31**
勤勉性	-.05	-.17	.08	**-.25**	**-.20**

注．.20以上の相関係数を太字にしている。1．田村ら（2015）による。Mac＝マキャベリアニズム，Psy＝サイコパシー。2．Barrett & Anderson（2012）サンプル1より。

(3) 社会生活上の結果

　ここでは，社会生活上の特性とBig Fiveとの関連を見ていきたい。

　まず，学業成績である。小学校から大学まで，さまざまな指標を全体的に統合した学業成績とBig Fiveとの関連では，勤勉性（$r=.22$）が最も関連を示していた（Poropat, 2009）。また，さまざまな職種および指標を統合した職業パフォーマンスとBig Fiveとの関連においても，やはり勤勉性が最も関連を示す傾向にある（$r=.22$）ことが報告されている（Barrick & Mount, 1991）。さらに，勤勉性は生存率の高さにも関連することが報告されている（Friedman et al., 1993）。

　このように，勤勉性は日常生活のさまざまな面における良好な結果を予測することがこれまでに示されている。勤勉性の高さは計画的な行動や目標の達成，規範を順守する傾向に関連することから，日常生活における多種多様なリスクを回避することにも関連すると考えられる。

●変化するパーソナリティ

　パーソナリティは変化するのだろうか。また，何に伴って変化が生じるのだろうか。ここでは，パーソナリティの変化の可能性について見ていきたい。

(1) 年齢に伴う変化

　乳幼児期から，心理的な個人差である気質が観察される。乳幼児期には大まかに3つの気質類型が見られる（Thomas & Chess, 1977）。生活リズムが規則正しく，比較的機嫌がよい時間が多く，新しい場面にも慣れやすいタイプを「扱いやすい子」（easy child），逆に気難しく生活リズムが不安定で，新しい場面にもなかなか慣れないタイプを「難しい子ども」（difficult child），その中間に位置する，普段の生活は規則正しく機嫌がよい時間が多いが，新規場面になれるのに時間がかかる「慣れるのに時間がかかる子」（slow-to-warm-up child）である。また，気質の類型ではなく特性に注目することもでき，多数の気質特性が研究されている。たとえば，新規場面での順応しにくく，引っ込み思案な程度を行動抑制傾向，全体的な運動量の多さや活発さは活動水準，性か婦全般の規則正しさは周期の規則性という。

　気質特性はパーソナリティ特性に受け継がれていくが，乳幼児期の気質の状態はそのまま成人期のパーソナリティへとつながるわけではない。気質は環境に影響を及ぼし，環境も気質に影響することによって，気質からパーソナリティへと徐々に変化していく。気質と環境との兼

ね合いによって適応の形が決定されるという考え方を環境適合理論と言う（Thomas & Chess, 1977）。成長と環境の変化に伴い，年齢とともにパーソナリティの得点が変化していくことが観察される。

　青年期には，衝動性や刺激希求性が高まることが知られている（Steinberg et al., 2008）。衝動性とは結果を深く考慮せずに行動してしまう傾向のことであり，刺激希求性は強い刺激を求める傾向のことである。この変化は，大脳皮質特に腹側線条体や前頭前野の発達に連動していると考えられている。

　成人期以降には，年齢とともに勤勉性と協調性の平均値が上昇していく。この傾向は，海外でも日本でも共通して見られる特徴の1つである（川本ら，2015）。外向性と開放性は年齢に伴った変化はあまり認められず，神経症傾向は青年期に女性の平均値が高まり，その後は低下する傾向を示す。このような生涯にわたるパーソナリティの変化の背景には，人々のパーソナリティが社会の中でうまく適応していくように年齢に伴って変動していく，成熟の原則と呼ばれる現象があると考えられる。

（2）生活の中での変化

　生活の中でパーソナリティは変化していく。恋愛や結婚など，人生において大きなイベントを経験すると，神経症傾向が低下したり外向性が上昇したりする傾向が見られる（Bleidorn et al., 2018）。また，臨床的な介入によってパーソナリティの変化をメタ分析で検討した研究によると，介入によって最も大きな変化を示す特性は神経症傾向であり，次いで外向性であることが示されている（Roberts et al., 2017）。治療の対象としては，不安障害への介入が最もパーソナリティを変化させる傾向にあり，物質使用への介入に伴うパーソナリティの変化が最も少ない傾向にあった。

　また，大学生を対象に自分自身が変容させたいパーソナリティ特性に沿ったエクササイズを日々繰り返すことで，実際にパーソナリティ特性の得点が変化していくことも報告されている（Hudson et al., 2019）。たとえば外向性を高めたいのであれば，最初のステップとしてお店のレジで店員に挨拶をするという課題を行う。事前に1週間に何回この課題を行うかも決めておき，実際にこの課題を遂行することができたら，次に少し困難な課題へとステップアップしていく。たとえば次は，お店のレジで相手に話しかけるという課題である。この課題もクリアできれば，翌週はレストランやバーに行き店員と会話をする，という課題へと進んでいく。そして，次は授業中に手を挙げて発言する，さらに次は初対面の人に話しかけて質問をする，といった具合に，徐々に困難度を高めていく。最終的には，大学の中でイベントを企画して人を集めるという課題になる。このような課題を毎週2つこなしていった学生は，数か月後に外向性の得点が大きく上昇した。

　このように，パーソナリティ特性が変化していくきっかけは，生活の中のさまざまな場所にあり，行動が変容することで実際にパーソナリティも変化していく可能性がある。

（3）パーソナリティの変化が意味すること

　あるパーソナリティ特性は，よいことばかりをもたらすわけではない。それは，多くの変数同士の関連を示すネットワークを検討することからも推測できる。

　たとえば，勤勉性は学業成績や職業パフォーマンスを予測する。しかしながらその一方で，

勤勉性は完全主義などの望ましくない心理特性にも関連することが示されている。また自己愛的なパーソナリティは自尊感情と関連する。自尊感情だけを高め，自己愛的な傾向を高めないようにすることは可能なのだろうか。ある変数を変容させることは，その変数に関連が深い他の変数にも影響を及ぼす可能性があることを理解しておきたい。

　また，Big Fiveのいずれの次元も，DSM-5（精神障害の診断・統計マニュアル第5版）に記載される病理的な特徴の記述に関連することも報告されている（Gore & Widiger, 2013）。あるパーソナリティ次元だけを高めていけばすべてがうまくいくと断言することはできないという点には，注意が必要である。

引用文献

Allport, G. W. (1937). *Personality: A psychological interpretation.* New York: Henry Holt.

Allport, G. W., & Odbert, H. S. (1936). Trait-names: A psycholexical study. *Psychological Monographs, 47*, No.211.

青木孝悦 (1971). 性格表現用語の心理-辞書的研究―455語の選択，分類および望ましさの評定―　心理学研究, *42*, 1-13.

青木多寿子 (2014). 品格教育とは何か：心理学を中心とした理論と実践の紹介　発達心理学研究, *25*, 432-442.

淡路圓治郎・岡部彌太郎 (1932). 向性検査と向性指数（上）―有栖川宮記念奨学費による研究の一部―　心理学研究, *7*, 1-54.

Barlett, C. P., & Anderson, C. A. (2012). Direct and indirect relations between the Big 5 personality traits and aggressive and violent behavior. *Personality and Individual Differences, 52*, 870-875.

Barrick, M. R., & Mount, M. K. (1991). The Big Five personality dimensions and job performance: A meta-analysis. *Personnel Psychology, 44*, 1-26.

Bleidorn, W., Hopwood, C. J., & Lucas, R. E. (2018). Life events and personality trait change. *Journal of Personality, 86*, 83-96.

Cattell, R. B. (1956). Second-order personality factors in the questionnaire realm. *Journal of Consulting Psychology, 20*, 411-418.

DeYoung, C. G., Peterson, J. B., & Higgins, D. M. (2002). Higher-order factors of the Big Five predict conformity: Are there neurosis of health? *Personality and Individual Differences, 33*, 533-552.

Digman, J. M., & Takemoto-Chock, N. K. (1981). Factors in the natural language of personality: Re-analysis, comparison, and interpretation of six major studies. *Multivariate Behavioral Research, 16*, 149-170.

遠藤由美 (2013). 自尊感情　藤永　保（監修）　最新　心理学事典（pp.287-290）　平凡社

Friedman, H. S., Tucker, J. S., Tomlinson-Keasey, C., Schwartz, J. E., Wingard, D. L., & Criqui, M. H. (1993). Does childhood personality predict longevity? *Journal of Personality and Social Psychology, 65*, 176-185.

Galton, F. (1884). Measurement of character. *Fortnightly Review, 36*, 179-185.

Goldberg, L. (1992). The development of markers for the big-five factor structure. *Psychological Assessment, 4*, 26-42.

Gore, W. L., & Widiger, T. A. (2013). The DSM-5 dimensional trait model and five-factor models of general personality. *Journal of Abnormal Psychology, 122*, 816-821.

Hall, C. S., & Lindsey, G. (1957). *Theories of personality.* New York: Wiley.

Hanley, A. W., Baker, A. K., & Garland, E. L. (2018). The mindful personality II: Exploring the metatraits from a cybernetic perspective. *Mindfulness, 9*, 972-979.

橋本泰央 (2018). 辞書的アプローチによる対人特性語の選定　早稲田大学大学院文学研究科紀要, *63*, 39-54.

畑　潮・小野寺敦子 (2014). エゴ・レジリエンス研究の展望　目白大学心理学研究, *10*, 71-92.

Hudson, N. W., Briley, D. A., Chopik, W. J., & Derringer, J. (2019). You have to follow through: Attaining behavioral change goals predicts volitional personality change. *Journal of Personality and Social Psychology, 117*, 839-857.

川本哲也・小塩真司・阿部晋吾・坪田祐基・平島太郎・伊藤大幸・谷　伊織 (2015). ビッグ・ファイブ・パーソナリティ特性の年齢差と性差―大規模横断調査による検討―　発達心理学研究, *26*, 107-122.

古浦一郎 (1952). 特性名辞の研究　古賀先生還暦記念心理学論文集　広島大学心理学教室, 197-206.

Kretschmer, E. (1921). *Körperbau und Charakter: Untersuchungen zum Konstitutionsproblem und zur Lehre von den Temperamenten.* Berlin: Springer.（斎藤良象（訳）(1944). 体格と性格　肇書房）

村上宣寛 (2002). 基本的な性格表現用語の収集　性格心理学研究, *11*, 35-49.

McCrae, R. R., & Costa, P. T. (1987). Validation of the five-factor model of personality across instruments and observers. *Journal of Personality and Social Psychology, 52*, 81-90.

Norman, W. T. (1963). Toward an adequate taxonomy of personality attributes: Replicated factor structure in peer nomination personality ratings. *Journal of Abnormal and Social Psychology, 66*, 574-583.

小塩真司（2010）．はじめて学ぶパーソナリティ心理学―個性をめぐる冒険―　ミネルヴァ書房

小塩真司（2018）．性格がいい人、悪い人の科学　日本経済新聞出版社

Oshio, A., Taku, K., Hirano, M., & Saeed, G. (2018). Resilience and Big Five personality traits: A meta-analysis. *Personality and Individual Differences, 127*, 54-60.

Pervin, L. A. (2003). *The science of personality* (2 nd ed.). New York: Oxford University Press.

Poropat, A. E. (2009). A meta-analysis of the Five-Factor Model of personality and academic performance. *Psychological Bulletin, 135*, 322-338.

Roberts, B. W., Luo, J., Briley, D. A., Chow, P. I., Su, R., & Hill, P. L. (2017). A systematic review of personality trait change through intervention. *Psychological Bulletin, 143*, 117-141.

Robins, R. W., Tracy, J. L., Trzesniewski, K., Potter, J., & Gosling, S. D. (2001). Personality correlates of self-esteem. *Journal of Research in Personality, 35*, 463-482.

Rushton, J. P., & Irwing, P. (2008). A general factor of personality (GFP) from two meta-analysis of the Big Five: Digman (1997) and Mount, Barrick, Scullen, and Rounds (2005). *Personality and Individual Differences, 45*, 679-683.

Sharpe, J. P., Martin, N. R., & Roth, K. A. (2011). Optimism and the Big Five factors of personality: Beyond neuroticism and extraversion. *Personality and Individual Differences, 51*, 946-951.

Steinberg, L., Albert, D., Cauffman, E., Banich, M., Graham, S., & Woolard, J. (2008). Age differences in sensation seeking and impulsivity as indexed by behavior and self-report: evidence for a dual systems model. *Developmental Psychology, 44*, 1764-1778.

高橋　誠・森本哲介（2015）．日本語版強み認識尺度の信頼性・妥当性の検討　パーソナリティ研究, *24*, 170-172.

竹橋洋毅・樋口　収・尾崎由佳・渡辺　匠・豊沢純子（2019）．日本語版グリット尺度の作成および信頼性・妥当性の検討　心理学研究, *89*, 580-590.

田村紋女・小塩真司・田中圭介・増井啓太・ジョナソン　ピーター　カール（2015）．日本語版Dark Triad Dirty Dozen（DTDD-J）作成の試み　パーソナリティ研究, *24*, 26-37.

Thomas, A., & Chess, S. (1977). *Temperament and development.* New York: Brunner/Mazel.

Thurstone, L. L., & Thurstone, T. G. (1930). A neurotic inventory. *Journal of Social Psychology, 1*, 3-30.

Tupes, E. C., & Christal, R. E. (1961). Recent personality factors based on trait ratings. *USAF ASD Technical Report*, No. 61-97.

渡邊芳之（2010）．性格とはなんだったのか―心理学と日常概念―　新曜社

Zeigler-Hill, V. (2013). The importance of self-esteem. In V. Zeigler-Hill (Ed.), *Self-esteem* (pp. 1-20). New York: Psychology Press.

7

高次認知機能と脳神経基盤（神経心理学）

吉崎一人

　脳とそれが生み出すもの（行動）との関連性を明らかにするのが，神経心理学である。心理臨床に携わる公認心理師，臨床心理士，そしてそれらを目指す初学者にとって，神経心理学への親近性はきわめて低い。しかし，「心の振る舞いは脳機能の反映である」とする立場を支持する限り，人の行動の意味を十分理解するためには，心と脳の関連性の理解が肝要である。

　脳の機能障害の症状から見た「高次脳機能障害」には，失語・失行・失認・半側空間無視・記憶障害・注意障害・遂行機能障害等がある。ここでは高次認知機能として，注意，物体認知，記憶，言語を取り上げる。これらの高次認知機能の脳内機序について解説する。

◉注意と脳

　「注意」は心理学者らによって100年以上重要な研究テーマとして扱われてきたが，統一的な定義はない。注意が単体として存在しないこと，取り出すことが難しく，条件間の差分（注意条件と統制条件の差）としてしか取り出せないことが，その理由の1つである。ここでは，必要な情報を選択する働きを注意と定義する。

(1) 注意の諸側面

　情報を選択するためには，情報に機敏に反応する準備が必要になる。この準備状態を警戒，並びに覚醒と呼ぶ。疲れている時は，警戒・覚醒の度合いは低い。警戒・覚醒を長期間にわたって維持する能力がヴィジランスである。警戒している時には，突然音が聞こえてくればその方向に目を向けることができる。これを定位と言う。

　最も高次な側面が選択的注意である。雑音の多い電車の車内で友人との会話ができるのは，重要な情報を選択し，必要でない情報をフィルターにかけシャットアウトしているためである。必要でない情報をどの段階でシャットアウトするかについては，大別すると2つの考え方がある。1つは初期選択説で，情報が入力されて初期の段階でフィルターが働き，排除された情報は意味的に処理されていないとする考え方である（ブロードベント（Broadbent, 1958）によるフィルターモデル）。対立するもう1つの考え方が後期選択説である。ほとんどの情報が自動的に意味処理され，その結果は短期間貯蔵され，それをもとに反応（出力）する段階でフィルターにかけられる，とする立場である（Deutsch & Deutsch, 1963）。

　選択的注意の初期選択−後期選択の議論は，「選択の位置」という構造に焦点を当てている。これに対して，カーネマン（Kahneman, 1973）は注意を構造ではなく，「容量」の視点でとらえている。この注意の「容量」は，処理資源や心的努力とも呼ばれる。課題の難易度が高くな

るにつれ，処理資源はより多く消費される。

（2）注意の脳内ネットワーク

　注意の定義は多岐にわたり，さまざまな脳領域が関係している。この複雑な注意の理解のために，さまざまな領域がどのように相互作用しているのか，注意を制御するために調整をどのように行っているのかを説明するネットワークモデルがいくつか提案されている。

　1）メシュラムのモデル　　メシュラム（Mesulam, 1981, 1999）のモデルは，古典的な注意の神経モデルである。これは，半側空間無視の臨床症例を説明するために考えられた。詳細は後述するが半側空間無視とは，損傷した半球の反対側の空間にある刺激に気づかなかったり，反応しなかったり，注意を向けられなかったりする病態を指す。このモデルにおいては，4つの脳領域（図7-1）を中心にネットワークが構成されている。それぞれ注意の働きにおいて特殊性をもつが，この特殊性は絶対的なものではない。したがって，同様の症状が，ネットワークの違った部分の障害で生じることもある。半側空間の無視が，感覚だけでなく，運動的側面，言語的側面などにおいても見られる。覚醒水準の低下が意欲喪失，無関心，そして無視にもつながると考えられる。

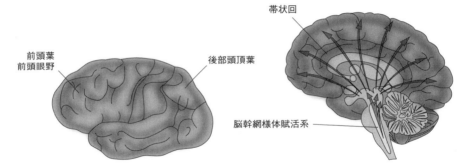

図7-1　メシュラム（Mesulam, 1982, 1999）**のネットワークモデル**

　4つの領域とそれが担う働きは以下のように考えられている。最も原初的な注意要素である警戒・覚醒を生起させるのが，脳幹網様体賦活系である。帯状回は，情報に対する興味・積極性を維持する役割を担う。後部頭頂領域は，外界の情報を内的に表現（表象化）する役割を担う。外界の情報に，焦点を当てたり，手を伸ばして探したりして，注意の焦点化をもたらす運動プログラムを調整しているのが前頭葉（前頭眼野）である。

　2）ポズナーとロスバート（2007）のモデル　　現時点で最も有力なモデルがポズナーとロスバート（Posner & Rothbart, 2007）のものである。このモデルは，3つの下位ネットワークからなる（図7-2）。1つは警告ネットワークである（図7-2の■）。このネットワークが，入力情報に対して敏感に対応することを可能にする。脳幹（青斑核），頭頂葉，右前頭葉が関与している。交感神経から分泌されるノルアドレナリンはこのネットワークに影響し，多く放出されると情報に対する敏感性が高まる（表7-1）。2つめは，定位ネットワークである（図7-2の●）。複数の情報の中から特定の対象に対して注意を向ける働きを担う。上丘，上頭頂領域，側頭-頭頂接合部（下頭頂小葉），前頭眼野が関与している。副交感神経や運動神経の

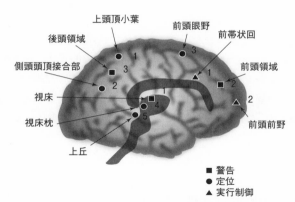

図7-2 ポズナーとロスバート (Posner & Rothbart, 2007) **の3つの注意ネットワークの解剖学的部位**

表7-1 ポズナーとロスバート (Posner & Rothbart, 2007) **のモデルにおける3つの下位ネットワークの解剖学的部位と関連する化学物質**

ネットワーク	脳内部位	関連する化学物質
警告 ■	青斑核（視床） 1 右前頭葉 2 頭頂葉 3	ノルアドレナリン
定位 ●	上頭頂小葉 1 側頭－頭頂接合部 2 前頭眼野 3 視床枕 4 上丘 5	アセチルコリン
実行制御 ▲	前部帯状回 1 前頭前皮質 2	ドーパミン

注. 数字は図7-2参照。

末端から放出される神経伝達物質アセチルコリンと密接に関係する（表7-1）。3つめは，実行制御ネットワークである（図7-2の▲）。達成すべき目標や要求，要望に応じるため，相容れない情報（競合情報）を検出したり，競合を解消したりする。大脳基底核，帯状回前部，背外側前頭前皮質が関与する。大脳基底核でつくられる神経伝達物質ドーパミンによって，実行制御機能は左右される（表7-1）。

　このモデルは，健常者，並びに臨床群を対象にした研究で，その妥当性が確認されている。ポズナーらのグループは，3つの下位ネットワークを行動指標（反応時間や誤答率）によって同時に測定できる視覚的注意課題（ANT）が開発されている（Fan et al., 2002, 2009）。さらに，脳機能イメージング技法を使い，急性期脳梗塞患者（Rinne et al., 2013）や健常者（Xuan et al., 2016）のANT遂行中の脳内活動部位を測定し，下位ネットワーク間の独立性や関連性が確認された。

　3）デフォルトモードネットワーク（DMN）　注意が欠落した時，ぼんやりしている時は，脳も休んでいると考えられてきた。しかし，このような状態で働く複数部位からなるネットワークの存在が明らかになったことで，デフォルトモードネットワーク（DMN）と名づけられた（Raichle, 2015; Raichle et al., 2001）。DMNは，脳の通常（初期，デフォルト）状態であると言える。DMNが関係するのは主に，下頭頂葉，後部帯状回（脳梁膨大後部皮質），内側前頭前

野，外側側頭葉，海馬である（Buckner et al., 2008）。

　DMNの機能的意味については，まだ一致した見解には至っていない。注意の欠落を補うためだとする主張（Weissman et al., 2006）や，内的思考，内的状態に意識を向けることとの関連性を主張する知見もある（Buckner et al., 2008）。また，アルツハイマー病，統合失調症，自閉スペクラム症患者の脳で，DMNの機能的結合の変化も観察されており（Buckner et al., 2008），これらの研究には，神経疾患の原因や治療法開発の重要なヒントにつながるため，大きな期待が寄せられている。

（3）半側空間無視

　注意不全からくる代表的な症候が半側空間無視である。損傷している大脳半球の反対側の空間の刺激に気づいたり，反応したり，その方向に注意を向けたりすることが障害されている病態である。石合（2012）によれば，半側空間無視は急性期を除けば，左半側空間無視が発現することが多い。つまり，右半球損傷によって生じることがほとんどである。左半側空間無視の責任病巣は，右半球の側頭−頭頂接合部（下頭頂小葉）付近だと言われている。

　半側空間無視患者の日常生活では，「道に迷う」「左側の障害物に自分の体をぶつける」「食事のプレートの左側を残す」「着衣の際に自分の左腕を通さない」「顔の左側にだけメイクをしない」などがよく観察される。重要なことに，大半の患者が自分の無視に気づいていない。したがって，空間に対する障害を認識できず代償動作を行えない。

　半側空間無視とよく比較されるのが半盲である。半盲は眼球を固定した時，視覚の欠如で視野の一部がかける病態である。半側空間無視の障害とは異なり，視野の欠損を自身で認識できるのでそれを補う動作が行える。これに対して，半側空間無視の障害は，眼球の動きを制限しない時の視覚欠如と言える。

●物体認知と脳
（1）物体認知の情報処理

　日常生活で囲まれているほとんどの物体を苦もなくわれわれは認識する。視覚情報として入力された網膜像は，既知の知識を使って容易に認識できる。物体認知とは，網膜像と知識（表象）として備わっている情報を結びつける過程だと考えられる。

　1）視覚情報処理の2つ流れとその役割　網膜から後頭葉の第一次視覚野に入力された視覚情報は，脳内で2つの経路に分かれ，最終的に前頭葉の前頭前野に収束し，統合され物体認識を完成させる。2つの経路の1つは，対象の色や形などその対象が「何（what）」であるのかを処理する腹側経路である。もう1つの経路は，対象の位置や動きを処理する背側経路である。対象が「どこ（where）」にあるのかを処理する。

　この2つの経路はマカクサルを対象にした実験から明らかになったが（Ungerleider & Mishkin, 1982），健常成人においても同様の経路が脳機能イメージング技法を使って確認されている（Haxby et al., 2000）。

　2）物体認知の「視点」　同一物体であっても，視点が変われば景観は変わる。たとえば，自転車を横から見れば2つのタイヤが見え，自転車にまたがろうとするとタイヤは見えず，サ

ドルやハンドルが見られる。このように大きく異なる景観であるにもかかわらず，同一の対象（自転車）として認識できる。このメカニズムについては現在でも議論が続いているが，2つの対照的な考え方がある。

　1つは，さまざまな視点からの景観が記憶表象の中に蓄えられていることを前提とした考え方である。この考え方の欠点は，各対象について非常に多くの景観の表象が必要になり，記憶への負荷が高まることである。初めて見る景観にどのように対応するかという問題もある。これとは対照的に，対象物中心の座標系で表現されるとする考え方も提案されている（Marr, 1982）。マーは，いくつかの円錐を使ってさまざまな物体を表現できるとした。コンピュータに実装できる計算理論としても期待されたが，実際のところはうまくいっていない。

（2）視覚失認

　既知の刺激を認知し同定する能力を喪失することを失認と言う。失認は，視覚，聴覚，触覚などすべてのモダリティに認められる。重要なことは，感覚器官などの入力レベルでの不全によるものではなく，認知能力自体の不全によるという点である。ここでは，視覚失認を取り上げる。

　1890年にリッサウアー（Lissauer, H.）が視覚失認を，統覚型視覚失認と連合型視覚失認に分類した。1990年以降，3つめのタイプとして分類されたのが統合型視覚失認である。3つに共通して言えることは，視覚機能を介した物体認知の不全をもつことで，視覚以外の触・圧覚や聴覚などを介して，物体認識ができることである。

　統覚型視覚失認は，視覚表象が正しく形成できない。視覚表象の形成の評価は，線画の模写を要求する課題によって行われる。見本図形を提示して，それを模写してもらう。統覚型視覚

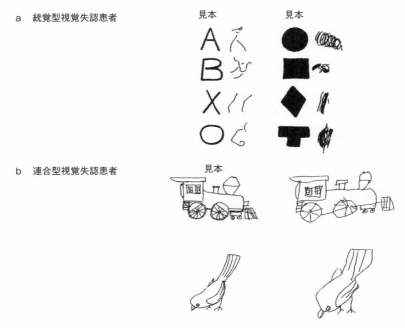

図7-3　統覚型（a：Benson & Greenberg, 1969），並びに連合型（b：Rubens & Benson, 1971）視覚失認患者の模写例

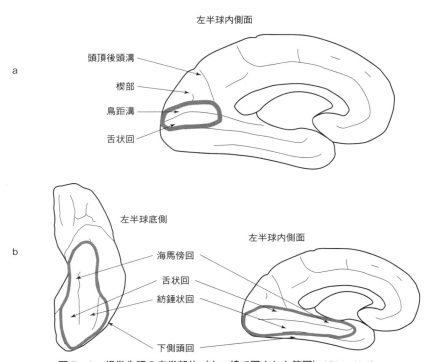

図7-4　視覚失認の病巣部位（太い線で囲まれた範囲）（太田，2010）

aは統覚型視覚失認。bは連合型，統合型視覚失認（両タイプに対する責任部位についてはまだ明らかにされていない）。

失認患者の模写（図7-3a）は，アルファベットや図形の見本を正確に描くことができない（Benson & Greenberg, 1969）。また，口頭指示による書字並びに描画もできない。左右半球の後頭葉内側部の第一次，二次視覚野の障害によって，統覚型視覚失認は起こり得る（太田，2010）（図7-4a）。

　これに対して連合型視覚失認は，視覚像（表象）は正しく形成される。つまり，模写や口頭指示による描画はできる（図7-3b；Rubens & Benson, 1971）。しかし，自分で描いたものが何かを聞かれるとわからない。視覚像と記憶表象との連合ができないのである。責任部位としては左半球の内側側頭後頭領域（舌状回，紡錘状回，海馬傍回，下側頭回後部）が挙げられるが（図7-4b），はっきりと特定することは難しい。

　第3のタイプである統合型視覚失認は，連合型視覚失認と同じく模写がうまく描けている患者を注意深く観察することで，同定された。連合型視覚失認と思われる患者の中には，非常に長い時間をかけて模写する者が含まれていた（Riddock & Humphreys, 1978）。リドックとハンフリーズ（1978）は，そのような症例H.J.A.への線画命名課題の結果から，線画の一部分についてはとらえられるが，それを1つのまとまりとして認識することに問題があることを指摘した。具体的には，図7-5（左）に示したニンジンの線画については「こっちの端は堅そうで，もう一方は羽のようだ」，鼻の線画（図7-5中央）に対しては，「スープ用のおたま」，タマネギ（図7-5右）に対しては，「下の方にフォークのようなとがったところがあり，ネックレスのようだ」とそれぞれ答えた。このように，統合型視覚失認患者は，部分的な認知はできている。連合型視覚失認同様，責任病巣の特定は難しい（図7-4b）。

図7-5　H. J. A. に対して行った同定課題に用いた線画（Riddock & Hunphreys, 1978）

(3) 相貌失認

　顔の認知障害である相貌失認患者は，顔以外の対象認知には問題ないが，顔を見ただけでは既知の人物を同定できない。名前や声，装飾品や歩き方から既知の人物を同定する。典型的には，相貌失認患者は顔を顔であることは認識でき，だいたいの年齢（若齢者か高齢者か）や，性の区別は可能である。表情から得られる情動も理解できる。

　多くの相貌失認患者は右半球の腹側経路への障害が原因となる（Martinaud et al., 2012）。この知見は，健常成人を対象とした脳機能イメージングによる実験研究の知見（Haxby et al., 2000）とも整合的である。つまり，主に右半球の腹側経路で顔処理が行われているのである。

　相貌失認患者を対象とした研究では，顔に特化した認知障害なのか，顔カテゴリー内での高い形態類似性から派生する弁別困難さが原因なのか，が重要な問いになっている。前者は顔認知処理システムとその他の物体認知システムが独立していることを，後者は1つの認知システムですべての対象認知が行われていることを，それぞれ意味する。マクニールとワリントン（McNeil & Warrington, 1993）の相貌失認患者を対象とした症例研究は，顔，特に人の顔認知処理システムが特殊である証拠を提供している。彼女らが検討した症例W.J.は，相貌失認を発症した後に，羊を飼い始めた。症例W.J.はヒトの顔の認知（再認）は健常者よりも劣るが，自分の飼っている羊や初見の羊の顔認知は，羊を飼っている健常者に比べ優れていた。これは，人の顔同様に弁別が難しい羊の顔の処理システムと，人の顔の認知処理システムが異なることを示唆した。

　脳に障害がないが，相貌認知が難しい人の存在も明らかになっている（Susilo & Duchaine, 2013）。彼らによると，先天性の相貌認知の不全は，健常者の2％程度存在する。先天性の相貌認知不全者を対象とした，機能的，構造的脳イメージング研究や，遺伝的視点からの研究もスタートしており，顔の認知処理システムの脳内機序について，さらなる知見が期待される。

◉記憶と脳

　新しい情報が入力され獲得する過程が学習であり，学習されたものの出力が記憶となる。つまり，学習された時点で記憶は生み出されるのである。ここでは，記憶区分についてまず概観し，健忘症とその脳内基盤について説明する。

(1) 記憶の分類

　保持時間から記憶を概観すると，最も短い（ミリ秒から秒レベル）期間維持できる感覚記憶，数十秒レベルの記憶である短期記憶や作業記憶（ワーキングメモリ），さらに数十年もの間維

持できる長期記憶，の3種類に分類できる。

　さらに長期記憶は想起意識の有無によって宣言的記憶と非宣言的記憶に大別できる。想起意識のある宣言的記憶はさらに，学習した意味や事実に相当する意味記憶と，過去の自らのエピソードに関するエピソード記憶に分けられる。想起意識がない非宣言的記憶には，繰り返し行うことで自動的に行為手順を遂行できる手続き的記憶や，古典的条件づけ，プライミングなどがある。

　記憶は3つの段階にも分けられる。1つめは，入力情報や経験を処理する符号化（記銘）の段階である。入力された刺激は，神経細胞同士をつなぐシナプス部分の情報伝達効率の変化や神経回路結合の変化によって記憶痕跡をつくりだす。この記憶痕跡は，おおむね1秒間は感覚バッファーに保持できる。その間に，一部の記憶痕跡は脳によってそれを固定化される。

　2つめの段階は貯蔵（保持）である。固定化された記憶痕跡は，文字通り貯蔵され，表象となる。3つめの段階である検索（想起）は，貯蔵された情報にアクセスし，それを取り出すことを指す。その情報は，直面する課題に活用される。検索は，意識されずに行われることもある。

（2）　健忘症群の特徴とその脳内基盤

　記憶の脳内基盤に関する知見の多くは，記憶に障害をもつ健忘症群の患者の観察から蓄積されてきた。一般的に健忘症は，短期記憶や意味記憶，手続き的記憶や記憶以外の認知機能は保たれるが，エピソード記憶の記銘や想起に障害をもつ病態を指し，外的並びに心的外傷，疾患さらには外科手術によって発症する。発症後には新しい知識を獲得できない重度で永続的な前向性健忘を示す。同時に，発症前のエピソード記憶の健忘も示す（逆向性健忘）。発症以前の過去の健忘期間はさまざまで，数分前の記憶を失う場合から，これまでの生活すべての記憶に障害をもつ場合もある。発症時に近い出来事の方が忘却しやすく，発症より遠い記憶の方が保たれるという時間的勾配がある。これをリボーの法則という。

　図7−6には健忘症と関係する主な脳部位が示されている（藤井・鈴木，2006）。側頭葉内側部（海馬）はアルツハイマー病や無酸素脳症などにより障害を受けやすい。これが障害されると重篤な前向性健忘を示す。側頭葉内側部の切除手術を行った有名な症例H.M.も重度な前向性健忘を発症した（Scoville & Milner, 1957）。間脳（視床）は，アルコールなどへの依存が原因で発症するコルサコフ症候群の責任病巣である。前向性健忘，逆向性健忘の発症とともに，

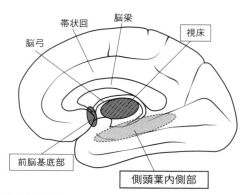

図7−6　損傷により健忘症候群を引き起こす病巣部位（側頭葉内側部，視床，前脳基底部）（藤井・鈴木，2006）

作話や病識の欠如を伴うことも多い。前脳基底部の障害では，前向性健忘，逆向性健忘に加えて，促されなくても自発的に生じる自発性作話，注意障害，人格変化が出現する。

(3)　認知症と記憶障害

　認知症は，知覚，判断，記憶，言語などの高次認知機能や，予定された行動を段取りよく執り行う遂行能力などの機能が低下し，自律した生活ができなくなった状態と定義される（小森・内田，2018）。うつ病や統合失調症などの精神疾患や一時的意識の障害（せん妄）とは異なる。物忘れが多くなると認知症を疑いがちであるが，年齢に伴う物覚えの低下と認知症の記憶障害とはまったく異なる。物忘れは，出来事の一部を忘れただけで（例，昨晩のご飯のメニューが思い出せない），きっかけがあれば思い出せる。それに対して認知症では体験した出来事自体を忘れている（例，昨日，夕飯を食べたかどうかを思い出せない）。物忘れの自覚症状がないのも認知症の特徴である。進行とともに記憶障害が顕在化する認知症は，認知症全体の6割から7割を占めるアルツハイマー型認知症である。側頭葉内側部（海馬）の萎縮によるものだと考えられている。進行とともに脳の後方部にある頭頂葉にも萎縮や脳血流の低下が及ぶ。数分から数ヶ月といった比較的最近の出来事の記憶が障害される。

(4)　短期記憶の脳内基盤

　長期記憶と短期記憶では脳内基盤は異なる。ワリントンとシャリス（Warrington & Shallice, 1969）が扱った症例K.F.は，長期記憶は比較的正常で短期記憶にだけ障害が認められた。症例K.F.は左半球のシルビウス溝（外側溝），頭頂－後頭部位に障害が見られた。短期記憶容量を示す数唱範囲は，健常範囲である7項目±2よりも低い2項目であったが，単語対の連合学習課題の遂行成績から，新たな学習を長期記憶に維持する能力があることは明らかであった。

●言語と脳

　古くは脳への損傷による言語機能の障害（失語症）の研究から，現在では脳機能イメージング研究からも，言語機能の脳内機序が推定されてきた。言語機能には，聴覚的理解，読解，発話，書字がある。ここでは言語機能を「他者とのコミュニケーション」と広くとらえ，山鳥（1996，1997）に沿って，言語処理の脳内機構について3つの側面（音韻生成，意味生成，言語運用）から概観する。

(1)　音韻生成領域（左半球の環シルビウス裂領域）

　音韻生成とは，音素，音韻の認識や産出，さらにそれを産出するためのプログラミングも含む。音韻生成に関与する代表的な脳部位は図7-7にも示すように，左半球のシルビウス（外側）溝周辺領域（環シルビウス裂領域　図7-7の1，2，3，4）に位置する。前頭葉に位置するブローカ領域への損傷は発話の障害をもたらす（ブローカ失語）。聴覚的理解は比較的保たれており，尋ねられている質問は理解できるが，それに対する流暢な返答は難しい。これに対して，側頭葉に位置するウェルニッケ領域への損傷は，聴覚的理解の障害をもたらす（ウェルニッケ失語）。尋ねられている内容を理解できないにもかかわらず，意味のない流暢な返答を行うことがある。発話機能は保たれているのである。

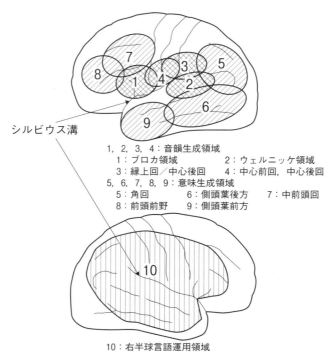

シルビウス溝

1, 2, 3, 4：音韻生成領域
　　1：ブローカ領域　　　　　　　2：ウェルニッケ領域
　　3：縁上回／中心後回　　　　　4：中心前回，中心後回
5, 6, 7, 8, 9：意味生成領域
　　5：角回　　　　　6：側頭葉後方　　　7：中前頭回
　　8：前頭前野　　　9：側頭葉前方

10：右半球言語運用領域
図7-7　左右半球の言語処理領域 （山鳥，1997）

　ブローカ領域とウェルニッケ領域を連絡する部分（弓状束）が損傷を受けると特異的な失語症を呈する（伝導失語）。ウェルニッケ領域に障害はないため聴覚的理解に大きな問題はない。またブローカ領域に障害はないため流暢に発話する。しかし，音韻性錯誤（例，「みかん」と言うべきを「みたん」と言う）が目立つ。重要なことに，その錯誤に患者は気づいており自己修正する。

(2)　意味生成領域（左半球の環・環シルビウス裂領域）

　左半球の環シルビウス裂領域の外側（環・環シルビウス裂領域　図7-7の5，6，7，8，9）は，意味処理に関係している。つまり，生成された音韻系列に意味を付与する働きをもつのである。ここでの意味は，単語レベルだけではなく，文レベルで表現されるものも含まれる。この領域に障害をきたした失語症では，意味理解障害，物体の名前や言いたい内容に該当する言葉を選ぶ過程への障害（喚語障害），経時的な言語処理（文の処理）に問題が生じる。

(3)　言語運用の領域（右半球）

　上記に示した左半球の2つの領域での統合的な働きにより，意味をもつ言語が完成されるが，これだけで円滑かつ十分なコミュニケーションが達成できるわけではない。コミュニケーション場面では，文字通りの「意味」だけではなく言外の「意味」を理解することも重要になる。この役割を担うのが右半球の言語領域である。比喩表現の理解や，音声の抑揚あるいは音調，強勢，リズムなどのプロソディの理解には，右半球が関与する。図7-7の10にも示すように，右半球での明確な領域が特定されているわけではない。マイヤーズ（Myers, 1999）によれば，

右半球の障害は，ユーモアや比喩の理解障害だけでなく，内容に乏しい表現や，極端に細かな過ぎる表現をもたらす。顔の表情や仕草などの情報への認識低下や，他者の心的状態を考慮に入れる能力（心の理論）の障害も見られる。

◉おわりに

　公認心理師を目指す人には，取得後「臨床神経心理士」の取得も目指してほしい。この資格は，日本神経心理学会と日本高次脳機能障害学会によって創設されたばかりである。詳細は各学会のホームページに委ねるが，注目すべきことに「公認心理師，医師，言語聴覚士，作業療法士，理学療法士のいずれかの資格を有すること」が，資格取得条件の１つになっている。医療現場，特に脳神経系の医療現場では，臨床心理学よりも神経心理学の知識が重要であることを鑑みれば，「臨床神経心理士」資格をもった言語聴覚士，作業療法士，理学療法士がいれば，公認心理師は必要ないかもしれない。現状の公認心理師取得カリキュラムを見る限り，広く心理学を修得している公認心理師よりも，他の資格候補者の方が「臨床神経心理士」への道は間違いなく近いだろう。公認心理師の存在価値を高めるためにも，神経心理学の初歩的な事項を扱ったこの章を契機に，神経心理学への親近性や知識を高める努力をスタートしてほしい。

引用文献

Benson, D. F., & Greenberg, J. P. (1969). Visual form agnosia: A specific defect in visual discrimination. *Archives of Neurology, 20*, 82-89.

Broadbent, D. (1958). *Perception and communication.* New York: Pergamon Press.

Buckner, R. L., Andrews-Hanna, J. R., & Schacter, D. L. (2008). The brain's default network: Anatomy, function, and relevance to disease. *Annals of the New York Academy of Sciences, 1124*, 1-38.

Deutsch, J. A., & Deutsch, D. (1963). Attention: Some theoretical considerations. *Psychological Review, 70*, 80-90.

Fan, J., Gu, X., Guise, K. G., Liu, X., Fossella, J., Wang, H., & Posner, M. I. (2009). Testing the behavioral interaction and integration of attentional networks. *Brain and Cognition, 70*, 209-220.

Fan, J., McCandliss, B. D., Sommer, T., Raz, A., & Posner, M. I. (2002). Testing the efficiency and independence of attentional networks. *Journal of Cognitive Neuroscience, 14*, 340-347.

藤井俊勝・鈴木麻希 (2006). 記憶障害　神経内科, *65*, 291-296.

Haxby, J. V., Hoffman, E. A., & Gobbini, M. I. (2000). The distributed human neural system for face perception. *Trends in Cognitive Sciences, 4*, 223-233.

石合純夫 (2012). 高次脳機能障害学（第2版）　医歯薬出版

Kahneman, D. (1973). *Attention and effort.* Englewood Cliffs, NJ: Prentice-Hall.

小森憲治郎・内田優也 (2008). 高齢期の問題（認知症）　緑川　晶・山口加代子・三村　將（編）　臨床神経心理学　医歯薬出版

Marr, D. (1982). *Vision: A computational investigation into the human representation and processing of visual information.* Cambridge, MA: MIT Press.（マー, D.　乾　敏郎・安藤広志（訳）(1987). ビジョン―視覚の計算理論と脳内表現―　産業図書）

Martinaud, O., Pouliquen, D., Gerardin, E., Loubeyre, M., Hirsbein, D., Hannequin, D., & Cohen, L. (2012). Visual agnosia and posterior cerebral artery infarcts: An anatomical-clinical study. *PLoS ONE, 7* : e30433.

McNeil, J. E., & Warrington, E. K. (1993). Prosopagnosia: A face-specific disorder. *Quarterly Journal of Experimental Psychology: Human Experimental Psychology, 46A*, 1-10.

Mesulam, M. M. (1981). A cortical network for directed attention and unilateral neglect. *Annals of Neurology, 10*, 309-325.

Mesulam, M. M. (1999). Spatial attention and neglect: Parietal, frontal and cingulate contributions to the mental representation and attentional targeting of salient extrapersonal events. *Philosophical Transactions of the Royal Society of London B, 354*, 1325-1346.

Myers, P. S. (1999). *Right hemisphere damage: Disorders of communication and cognition.* San Diego, CA: Singular Publishing Group.（マイヤーズ, P. S.　宮森孝史（監訳）　阿部亜紀子他（訳）　右半球損傷―認知とコミュニケー

ション障害— 共同医書出版）

太田久晶（2010）．視覚失認—3つのタイプによる症状区分とそれぞれの責任領域について— 高次脳機能研究，*30*，271-276．

Posner, M. I., & Rothbart, K. M.（2007）．Research on attention networks as a model for the integration of psychological science. *Annual Review of Psychology, 58*, 1-23.

Raichle, M. E.（2015）．The brain's default mode network. *Annual Review of Neuroscience, 38*, 433-447.

Raichle, M., MacLeod, A. M., Snyder, A. Z., Powers, W. J., Gusnard, D. A., & Shulman, G. L.（2001）．A default mode of brain function. *Proceedings of the National Academy of Sciences, 98*, 676-682.

Riddock, M. J., & Humphreys, G. W.（1978）．A case study of integrative visual agnosia. *Brain, 110*, 1431-1462.

Rinne, P., Hassan, M., Goniotakis, D., Chohan, K., Sharma, P., Langdon, D., Soto, D., & Bentley, P.（2013）．Triple dissociation of attention networks in stroke according to lesion location. *Neurology, 81*, 812-820.

Rubens, A. B., & Benson, D. F.（1971）．Associative visual agnosia. *Archives of Neurology, 24*, 305-316.

Scoville, W. B., & Milner, B.（1957）．Loss of recent memory after bilateral hippocampal lesions. *Journal of Neurology, Neurosurgery and Psychiatry, 20*, 11-21.

Susilo, T., & Duchaine, B.（2013）．Advances in developmental prosopagnosia research. *Current Opinion in Neurobiology, 23*, 423-429.

Ungerleider, L. G., & Mishkin, M.（1982）．Two cortical visual systems. In D. J. Ingle, M. A. Goodale, & R. J. W. Mansfield（Eds.）, *Analysis of visual behavior* (pp. 549-586). Cambridge, MA: MIT Press.

Warrington, E. K., & Shallice, T.（1969）．The selective impairment of auditory verbal short-term memory. *Brain, 92*, 885-896.

Weissman, D. H., Roberts, K. C., Visscher, K. M., & Woldorff, M. G.（2006）．The neural bases of momentary lapses in attention. *Nature Neuroscience, 9*, 971-978.

Xuan, B., Mackie, M., Spagna, A., Wu, T., Tian, Y., Hof, P. R., & Fan, J.（2016）．The activation of interactive attentional networks. *Neuroimage, 129*, 308-319.

山鳥　重（1996）．言語生成の大脳機構　音声言語医学，*37*，262-266．

山鳥　重（1997）．言語生成の三重構造　心理学評論，*40*，343-355．

8

社会性の発達（乳幼児・児童心理学）

溝川　藍

◉「心」の表象と社会性の発達

　子どもは，乳幼児期，児童期を通して，他者との関係を形成，維持するために必要な諸能力を発達させていく。人間の子どもは小さく未熟な段階で誕生するため，同じ哺乳類の中でも，他の動物に比して長期にわたる養育を必要とするが，赤ん坊のもつ形態的特徴（幼児図式，Lorenz, 1943）や人に対する反応傾向が，周囲の大人の養護性を引き出し，その発達を支えると考えられている。新生児であっても，顔のような図形や人間の顔，人間の声などの社会的刺激に積極的に注意を向け，母親の顔・声と見知らぬ人の顔・声を弁別する（Bushneil et al., 1989; Mehler et al., 1978）。また，新生児は，大人の表情表出（喜び，悲しみ，驚き）に対して同じような表情で返す同調的な反応を行う（Field et al., 1982）。養育者をはじめとする子どもの周囲の大人たちは，かわいらしい形態的特徴をもち，自分に注意を向け，自分の笑顔に微笑み返す子どもに対して，世話をしたり，積極的な関わりをもったりすることを動機づけられる。

　子どもの人間関係は，自己と他者の一対一の二項関係から始まり，生後9か月ごろには，自己と他者（人）と第三の対象（人または物）の三項関係が成立する。この三項関係の成立によって，他者と同じ対象に注意を向け，他者と注意を共有し，その対象を介して他者と意思を通い合わせることが可能になる（共同注意行動の発達については，Tomasello, 1999 大堀ほか訳2006参照）。1歳ごろになると，初めて見る食べ物に対して，養育者がポジティブな反応をしているのを確認して，試しに口に運んでみるなど，意味の曖昧な対象に遭遇した際に，三項関係の中で，その対象に対する他者の感情的反応を参照する行動（社会的参照，Sorce et al., 1985; Vaish & Striano, 2004）が見られるようになる。

　このように発達初期においても社会性の萌芽が認められるが，その後の「心」の表象の発達によって，人間の社会性はさらなる発展を遂げる。表象とは，「対象や出来事をそれが経験される場から時間的，空間的に切り離して，別の心的なもの（イメージ，記号，ことば，など）に置き換えて保持（加藤, 2007, p.46）」することと定義される。「心」は直接目に見ることはできないが，われわれは，日常のあらゆる場面で，自他の行動の背後にある（と考えられる）「心」という対象に思いを巡らせている。子どもは，他者との社会的なやりとりを通じて，長い時間をかけて，自分の「心」とは異なる他者の「心」に関する理解を深めていく。心理臨床実践の対象となる問題の多くは，この「心」の表象に関わるものであると考えられる。

　本章では，社会性の発達という広大なトピックの中でも，特に，対人コミュニケーションを

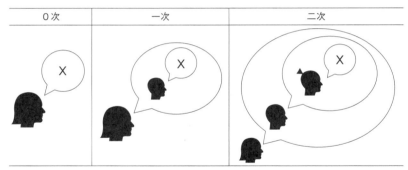

図8-1 「心」の表象（林, 2002, p.479を参考に作成）

支える「心」の表象の発達に着目する。「心」の表象を，心の理論と感情理解の2側面からとらえ，はじめに，それぞれの標準的な発達プロセスについて整理したうえで，その個人差の社会的・認知的要因について論じる。ここでの心の理論と感情理解とは，いずれも心的表象について表象するメタ表象の能力を指す。図8-1に示すように，われわれが何らかの命題Xを心的に表象している状態を0次とした時，自他がXを表象しているという心的状態を理解することは，一次の表象（メタ表象：表象の表象，例，「他者がXと考えている」ことを表象する）の問題であり，自他の心的状態の表象についての第三者の表象を理解することは，二次の表象（「表象の表象」の表象，例，「第三者が『他者がXと考えている』と信じている」ことを表象する）の問題である（林, 2002）。心の理論においてメタ表象の対象となる心的表象は，願望，知識，信念などであり（例,「他者が○○を欲している，知っている，信じている」ことの表象），感情理解においてメタ表象の対象となる心的表象は，感情である（例,「他者が○○という感情を抱いている」ことの表象）。感情理解は,「心」に関する表象という点では広い意味での「心の理論」に包括される概念とも考えられるが，両者の発達は単一ではないことが示唆されているため（Cutting & Dunn, 1999; Dunn, 1995；溝川・子安, 2011；森野, 2005），本章ではメタ表象の対象となる心的表象の違いによって，心の理論と感情理解を区別して扱うこととする。乳幼児期・児童期の心の理論と感情理解の発達を概観したのち，「心」を表象する能力を基礎として対人関係の中で発揮される社会性について論じる。最後に，心の理論と感情理解の文化差について考察する。

●乳幼児期・児童期の心の理論の発達

(1) 心の理論とは

心の理論研究は,プレマックとウッドラフ（Premack & Woodfuff, 1978）によるチンパンジー研究に始まる。プレマックらは，自己および他者に目的・意図・知識等の心的状態を帰属できるのであれば,その個体（動物または人間）は「心の理論（theory of mind）」をもつと考えた。プレマックらの論文に対するコメント論文（Dennett, 1978）に触発された発達心理学者のヴィマーとパーナーは,人間の子ども向けの「誤信念課題（false belief task）」を考案した（Wimmer & Perner, 1983）。他者が真実とは一致しない誤信念をもっていることがわかるということは，真実を知っている自分自身の信念（真実と一致）と他者の信念（真実と不一致）を区別できていることを意味しており，これは，心的状態の理解の1つの重要な指標となる。

誤信念課題は，他者のもつ誤信念を行動の予測に使用できるか否かを測定する物語形式の課

題であり，心の理論の獲得のリトマス紙的なテストとして用いられてきた。この課題では，参加者に，主人公がチョコレートをある場所（X）に入れておき，その場を離れている間に，別の登場人物がチョコレートを別の場所（Y）に移動させる物語を提示する。そして，主人公の誤信念に関するテスト質問（主人公は，戻ってきた後にどこを探すか。正解：場所X）と2つの統制質問（①最初，チョコレートはどこにあったか。②今，チョコレートは実際にどこにあるか。正解：①場所X，②場所Y）への回答を求める。テスト質問に正答するためには，主人公が誤信念をもっていること，すなわち，「主人公が『チョコレートははじめに自分が入れた場所（X）にある』と（誤って）思い込んでいる」ということがわかっていなければならない。

　ヴィマーらの研究からは，幼児（4〜5歳児）と児童（6〜9歳児）はいずれも統制質問に正答するものの，テスト質問に関しては，児童の大半が正答するのに対して，幼児の正答率は有意に低いことが明らかになった。ここから，子どもは，4歳から6歳の間に他者の誤信念を理解する能力を獲得すると考えられた。ヴィマーらの先駆的研究の発表以降，心の理論は，またたく間に発達心理学のホットトピックとなり，その後30年以上にわたって膨大な数の研究が行われてきた（レビューとしてHughes & Devine, 2015）。

（2）心の理論の発達プロセスと障害

　1）心の理論の標準的発達　　以下では，心の理論の標準的な発達について概観する。なお，年齢は大まかな目安であり，定型発達の子どもの間でも個人差は大きいことに留意されたい。

　乳児期（誕生〜生後18か月）には，「心」の表象の萌芽ととらえられるような行動が見られる。生後6〜12か月児は，他者の行為（例，ものに手を伸ばす行為）の背後にある目標（例，何をとろうとしているか）を理解しているかのような注視行動を見せる（Woodward, 1998）。生後8〜9か月以降，ふざけて他者をからかって，他者の意図的行為を邪魔しようとする行為も観察される（Reddy, 2008　佐伯訳　2015）。

　幼児期（生後18か月〜就学前）には，「心」をメタ的に表象し，他者が自分とは異なる「心」をもつことを理解するようになる。まず幼児期前半に，他者の意図や欲求に関する認識が進む。生後18か月児は，他者が失敗をしている動作を提示された際に，失敗の動作をそのまま再現するのではなく，その他者が本来しようとしていた行為を行おうとする（Meltzoff, 1995）。同じく生後18か月ごろに，自分と他者の好み・欲求が必ずしも一致しないことについても理解しはじめる。レパチョリとゴプニックの研究からは，生後14か月児が自他の好み・欲求を区別せず，他者も自分と同じものを欲すると考えているかのような行動を見せるのに対し（例，他者に，他者は嫌いだが自分は好きな食べ物を渡す），生後18か月児が両者を区別し，他者の好み・欲求を考慮した行動をとること（例，他者に，自分は嫌いだが他者が好きな食べ物を渡す）が示されている（Repacholi & Gopnik, 1997）。4歳ごろになると，自他の知識が異なり得ることを理解し，情報にアクセスした人だけがその情報に関する知識をもつことがわかるようになる（Gopnik & Graf, 1988; Wimmer et al., 1988）。たとえば，箱の中身を知っているのは，箱の中を見た人だけであることを理解する。4，5歳ごろには，現実とは異なる他者の誤信念について理解するようになり，多くの子どもが誤信念課題に通過する（Wellman et al., 2001）。ただし，誤信念課題に通過する時期には文化差があり，東アジアの子どもは欧米の子どもと比べて1〜2年ほど遅いことが示されている（Naito & Koyama, 2006; Wellman et al., 2001）。

　児童期の6〜10歳ごろには，さらに複雑な心の理解が進む。この時期の特筆すべき発達的

変化は，二次の誤信念を理解するようになることである（Perner & Wimmer, 1985）。二次の誤信念の理解とは，「『太郎は〈花子が○○だと思っている〉と思っている』けれども，太郎が考えていることは誤りである」というような，他者（太郎）が抱く，別の他者（花子）の信念に関する誤信念の理解を意味する（図8−1「二次」参照）。このように，願望や信念などの心的状態が入れ子構造で表れる思考を，再帰的思考と言う（林，2001）。

　再帰的思考の理解は，字義通りでない言葉（皮肉や暗喩），やさしい嘘，失言などの理解の前提となる。ここでは，その一例として皮肉を取り上げ，「母親（話し手）が，泥だらけで家に帰ってきた子ども（受け手）に対して，『あら，きれい』と声をかける場面」について考えることとする。この場面では，話し手は真実を述べておらず，話し手と受け手の両者が「本当はきれいではない」という真実を知っている。また，話し手には受け手を欺こうとする意図はなく，受け手に字義通りの意味（きれいである）を伝えようとはしていない。むしろ，話し手は，発話した内容とは反対の意味（汚い）を伝えようとしている。この皮肉の発話を適切に理解するためには，話し手の再帰的思考，すなわち「『自分が〈きれいだ〉と思っている』とは相手に思ってほしくない」という思考の理解が必要となる。再帰的思考の理解に支えられて，児童期の子どもたちは，皮肉（Filippova & Astington, 2010; Hayashi & Ban, 2020）だけでなく，暗喩（Winner, 1988），やさしい嘘（Talwar et al., 2007），失言（Baron-Cohen et al., 1999）についても理解できるようになる。さらに，説得のために，他者の心的状態を操作して何らかの行動をさせたり信じさせたりする方略を使用することもできるようになる（Bartsch & London, 2000）。

　2）障害と心の理論　　自閉スペクトラム症や，視覚障害，聴覚障害などの障害をもつ子どもにおいては，定型発達の子どもと異なる心の理論の発達が見られる。自閉スペクトラム症をもつ子どもの心の理論の発達に関しては，きわめて多くの研究が行われ，彼らが心的状態の理解に困難を抱えることが指摘されている。たとえば，バロン・コーエンらは，自閉スペクトラム症児，ダウン症児，定型発達児を対象に誤信念課題（Wimmer & Perner, 1983のマクシ課題の修正版のサリーとアン課題）を実施し，自閉スペクトラム症児（平均生活年齢11歳11か月，平均言語年齢5歳5か月）の約80％が誤信念課題に通過しないことを示している（Baron-Cohen et al., 1985）。また，ハッペ（Happé, 1995）は，自閉スペクトラム症児が誤信念課題に通過するためには，定型発達児と比べてはるかに高い言語能力が必要であることを明らかにした。ここから，自閉スペクトラム症をもつ子どもは，自動的な「心」の読みとりには困難を抱えるものの，言語的な推論方略を用いて誤信念課題に通過している可能性が考えられた。自閉スペクトラム症児の心の理論の発達研究のその後の展開と展望については，内藤（2018）や藤野（2018）の論考などを参考にされたい。視覚障害児の心の理論の発達に関しては，研究の数自体が少ないものの，視覚障害児は視覚障害のない子どもと比べて，誤信念理解が遅れることが示されている（Minter et al., 1998）。聴覚障害児に関しては，子どもが育つ言語環境によって発達に違いがあることが明らかにされている。流暢に手話を用いる聾の両親の子どもは，心の理論の獲得において聴覚障害のない子どもと違いがないのに対し（Schick et al., 2007），健聴の両親をもつ子どもでは，誤信念理解に遅れが見られる（De Villiers & De Villiers, 2000; Peterson & Siegal, 1995）。この証拠から，会話における音声の有無にかかわらず，初期の家庭内の言語コミュニケーションのありかたが心の理論の発達に影響を及ぼしていることが示唆される。

(3) 心の理論を支える社会的・認知的要因

　心の理論の個人差は長期にわたって持続し（e.g., Astington & Jenkins, 1999; Caputi et al., 2012），その個人差には，さまざまな社会的・認知的要因が関わっている。

　1）社会的要因　　定型発達の子どもと養育者の会話の縦断研究からは，心的状態についての家族の会話が，のちの子どもの誤信念理解の発達を予測することが明らかにされている（レビューとして，Pavarini et al., 2013）。また，訓練研究からは，誤信念課題に通過しない幼児に対して，心的状態に関する会話に参加させる介入を行うと，誤信念課題の遂行成績が向上することが示されている（Appleton & Reddy, 1996; Lohmann & Tomasello, 2003; Ornaghi et al., 2011）。さらに，生後6か月時点での母親のマインドマインデッドネス（乳児を心をもった存在としてみなし，その行動に意図や目標を帰属する傾向）の高さが，数年後の幼児の心の理論の個人差を予測するとの知見もある（Meins et al., 2003）。これらの知見から，まだ言葉を話さない乳児の心的状態について養育者が適切に言及することや，幼児と養育者が人間の行動の原因としての「心」について会話を行うことは，子どもの関心を「心」にひきつけ，その理解を促進する足場として働くものと考えられる。

　2）認知的要因　　心の理論の発達には，心的状態についての知識だけでなく，自己にとって優勢であるが不適切な目立つ情報や反応を抑制して他者の心的状態について考える能力（抑制制御）や，入力した情報を処理しながら，自分の頭の中に正確に保持し，必要なときに活性化させる能力（作業記憶），さらに，ある次元（例，自分を基準とした思考）から別の次元（例，他者を基準とした思考）へと思考を柔軟に切り替える能力（認知的柔軟性）といった実行機能が必要となる（小川・子安，2008）。心の理論と実行機能の関連を調べた研究のメタ分析からは，両者の間に中程度の相関があることが示されている（Devine & Hughes, 2014）。また，多くの研究が心の理論と言語能力の間に関連があることを示してきた。両者の関連を検討した研究のメタ分析は，初期の言語能力とその後の心の理論の関連が，初期の心の理論とその後の言語能力の関連よりも強いという非対照性を明らかにしている。この結果は，言語能力を基盤として心の理論が発達することを示唆するものである（Milligan et al., 2007）。

●乳幼児期・児童期の感情理解の発達

(1) 感情理解とは

　感情理解とは，「自他の感情経験の性質や，原因や，結果や調整について理解する能力」を指す（Harris et al., 2016）。感情理解を測定するための指標は数多く存在するが（レビューとしてCastro et al., 2016），本章では，ポンスとハリスが2000年ごろまでの実証研究の知見に基づいて作成した感情理解テスト（TEC: Test of Emotion Comprehension, Pons & Harris, 2000）に着目する。かつての感情理解の発達研究においては，比較的幼い時期の子どもを対象として基礎的な感情理解のみを測定するものが多かったが，TECを用いることにより，幼児期だけでなく児童期を含めて，感情理解の発達プロセスを幅広く検討することができるようになった。現在，TECは27か国語以上の言語に翻訳され，世界中で使用されている。日本語版のTECは，現在筆者らが作成中であり，国内での使用に向けて準備を進めている。以下では，TECによって測定される感情理解の9側面（①表情の理解，②感情を引き起こす外的原因の

理解，③記憶が感情に及ぼす影響の理解，④願望と感情のつながりの理解，⑤信念と感情のつながりの理解，⑥隠された感情の理解，⑦感情調整の認知的方略の理解，⑧入り混じった感情の理解，⑨道徳的感情の理解）を中心に取り上げる。なお，近年，これらの感情理解の9側面にさらに3側面（⑩感情が認知に及ぼす影響の理解，⑪文化が感情経験に及ぼす影響の理解，⑫感情調整の社会的・行動的方略の理解）を加えた，感情理解の12側面を測定するための改訂版感情理解テスト（TEC. 2.0）も考案されている（Pons & Harris, in press）。

(2) 感情理解の発達プロセスと障害

1）感情理解の標準的発達　　子どもの感情理解は，表情などの目に見える側面や「この状況ではこの感情が生じる」といったスクリプトに関する表層的な理解から，「心」の表象としての，願望・信念などの目に見えない心的状態を考慮した理解へ，そして，感情を効果的に調整する方略や，同時に複数の感情を経験し得ることなどに関するより複雑な表象的理解へと発達する。以下では，感情理解の標準的な発達について概観する。心の理論と同様に，年齢は目安であり，個人差が大きいこと，また，測定方法によっても結果が変動することを補記する。

　乳児期においても，子どもはすでに異なる種類の感情を区別しているようである。たとえば，生後4か月児と生後6か月児は異なる表情（例，喜び表情と怒り表情）を識別しており，(LaBarbera et al., 1976; Serrano et al., 1992)，1歳児でも異なる種類の感情シグナル（例，喜びと恐れ）に対して異なる反応を見せること（Sorce et al., 1985; Walle et al., 2017）が示されている。しかし，彼らが感情の性質や原因や結果について，どこまではっきりと理解しているかは定かではない。

　感情理解は，2，3歳ごろから11，12歳ごろにかけて段階的に発達していく（Pons et al., 2004）。まず，幼児期の2，3歳ごろから，基本的な感情を示す表情にラベルづけができるようになる。表情の理解には，感情の種類による違いがあり，はじめは「喜び」を理解し，その後，「怒り」，「悲しみ」，「恐れ」や，「驚き」，「嫌悪」などの表情も理解できるようになる（e.g., Widen & Russell, 2003）。5，6歳ごろまでに，基本的な感情を引き起こす外的原因についても理解する。たとえば，プレゼントをもらうと喜びの感情が生じること，大切なものを失うと悲しみの感情が生じることなどがわかる。また，同じく5，6歳ごろまでに，多くの子どもは記憶が感情に影響を及ぼすことを理解し，過去に経験した出来事を思い出すことによって，その出来事が生じた時に経験した感情を追体験することがわかるようになる（Lagattuta et al., 1997）。感情の認識は，ポジティブ・ネガティブという2つの広いカテゴリーの認識から，より細分化されたカテゴリーの認識へと進むと考えられている（Widen & Russell, 2010）。

　幼児期後半には，個人の心的状態（願望，信念など）が感情に影響することの理解が進む。まず，願望と感情のつながりを認識し，同じ状況でも，個人のもつ願望によって経験する感情が異なること（例，のどが渇いている時に牛乳を渡される状況で，牛乳が好きな人と嫌いな人は異なる感情を経験する）を理解する（Harris et al., 1989; Yuill, 1984）。少し遅れて児童期前半ごろまでに，個人のもつ信念が真実と異なる時（すなわち，誤信念を持つ時），その人が現実の状況と一致しない感情を経験すること（例，背後に危険人物が潜んでいることに気がついていない人は恐れを抱かない）を理解するようになる（Harris et al., 1989）。さらに，児童期中期ごろまでに，隠された感情を理解し，人が内的に経験している感情を隠して別の感情を表出し得ること（例，期待外れのプレゼントをもらって本当は落胆しているが，笑顔を見せる）

がわかるようになる（Harris et al., 1986）。

　児童期を通して，感情調整の方略，入り混じった感情，道徳的感情など，より複雑な感情についての理解が進んでいく。感情調整の方略に関しては，ネガティブな感情に対処するための方略について幼児・児童に問うと，行動的な方略（例，遊ぶ）には年齢差が見られないものの，幼児期から児童期後期にかけて，心理的な方略（例，楽しいことを考える）の報告が増えることが示されている（Altshuler & Ruble, 1989）。また児童期の子どもは，「嬉しいけれど悲しい」など，人が同時に異なる感情を経験し得ることを理解するようになる（Harter & Buddin, 1987）。さらに，欲しいものを盗んだり，嘘をついたりする等の道徳的に善くないとされる行いをした時に罪悪感を経験することや，道徳的に価値のある行いをした時に誇りを感じることなど，道徳的感情について理解する（Nunner-Winkler & Sodian, 1988）。

　　２）障害と感情理解　　感情理解についても，自閉スペクトラム症や，視覚障害，聴覚障害などの障害をもつ子どもにおいては，定型発達児とは異なる発達的様相が認められる。自閉スペクトラム症児の感情理解の発達に関する知見は一貫していないものの，表情の理解をはじめとして（Celani et al., 1999），感情理解のさまざまな側面において遅れが生じることが報告されている（Salomone et al., 2019）。表情の理解の難しさは，自閉スペクトラム症者のもつ，他者の顔に自発的に注意を向けにくいという特徴に起因する可能性が考えられる。先述したように，自閉スペクトラム症児は，ある程度言語能力が高くなってから誤信念課題に通過することが示されている（Happé, 1995）。言語発達によって，感情理解の困難さがどのように補われるのかについての検討は少なく，今後の研究の進展が待たれる。また，視覚障害をもつ児童・青年は，視覚障害をもたない統制群の子どもと比べて，感情語の意味の認識に優れる一方で，感情の原因の理解には遅れが見られること，聴覚障害をもつ児童・青年は，感情理解全般に遅れが見られることが示されている（Dyck et al., 2004）。なお，聴覚障害児の中でも，発達早期（生後18か月以前）から人工内耳を使用している子どもは感情理解に優れていることが明らかにされており（Mancini et al., 2016），早期の治療的介入による言語環境の変化が，感情理解の発達にポジティブな影響をもたらす可能性が示唆されている。また，聴覚障害をもつ幼児と聴覚障害をもたない幼児との間で，感情理解に有意な差はないことを示した研究もある（Laugen et al., 2017）。ラウゲンらは，聴覚障害児の養育者は子どもの感情理解の発達レベルに関する見積もりがより正確であり，発達レベルに関する正確な把握が子どもの感情理解の良好さと結びつく可能性を指摘している（Laugen et al., 2017）。これらの知見から，「心」に関する視覚的・聴覚的情報の入力や交流の経験の少なさは，感情理解の発達に遅れを生じさせるものの，適切な介入によって良好な発達につなげていくことができるものと考えられる。

（3）感情理解を支える社会的・認知的要因

　感情理解の発達にも，個人差が認められる。心の理論の発達と同様に，その個人差にはさまざまな社会的・認知的要因が関わっている。介入研究からは，感情に関する話し合いなどの訓練によって感情理解が向上するとの証拠が示されている一方で（メタ分析として，Sprung et al., 2015），介入後もなお，もともと存在していた感情理解の個人差は消えないことも明らかにされている（Pons et al., 2002）。

　1）**社会的要因**　　養育者と子どもの安定したアタッチメント関係は，親子間での感情に関わるオープンなコミュニケーションを促し，それが子どもの感情理解を促進するものと考えられている（Thompson, 2000）。たとえば，生後12か月時点でアタッチメント安定型であった子どもは，6歳時点で入り混じった感情の理解に優れ（Steele et al., 1999），幼児期においてアタッチメントが安定している子どもは，同時点での感情理解に長けていること（de Rosnay & Harris, 2002）が報告されている。家庭における会話についても，家族のメンバーと子どもの間で交わされる感情に関する会話が，子どもの感情理解の良好さと関連することが明らかにされてきた（Dunn, Brown, & Beardsall, 1991; Dunn, Brown, Slomkowski, et al., 1991）。なお，アタッチメントの質や家庭内での感情に関する会話の行われやすさは，養育者の特性のみによって規定されるものではなく，子ども自身の要因（気質など）の影響も受けるものである。

　2）**認知的要因**　　言語能力は感情理解の基盤となり，言語能力に長けた子どもほど，感情理解に優れる（Harris et al., 2005）。われわれは，表情や姿勢などを手掛かりとして，ある程度までは他者の感情状態をとらえることができるが，言葉の発達によって，言語を用いて自他の感情状態を表現したり，感情の性質や原因や結果について思考したりすることが可能になるため，「心」の表象としての感情理解は飛躍的に発達する。認知的要因に関しては，言語能力のほかに，作業記憶が感情の理解の発達に影響すること（Morra et al., 2011）や，レーヴン色彩マトリックス検査によって測定される非言語性知能（演繹推論能力）が，「心」の表象を必要とする高次の感情理解の高さと関連すること（Albanese et al., 2010）なども明らかにされている。

●心の理論・感情理解と社会性

　心の理論と感情理解は，人間関係の形成と維持の核となる能力である。自他の行動に心的状態を帰属する能力なしに他者と関わることは難しいため（Hughes & Devine, 2015），「心」の表象のつまずきは，社会生活において，仲間関係がうまくいかないなどのさまざまな社会的困難の原因となるものと考えられる。

　心の理論と社会的アウトカムの関連に関する研究のメタ分析から，心の理論が発達している幼児・児童ほど仲間から人気があり（Slaughter et al., 2015），向社会的行動（援助，協力，なぐさめなど）を行うこと（Imuta et al., 2016）が示されている。さらに，幼児期に心の理論が発達している子どもは，教師から失敗に対する批判的評価を受けた際の自己評価が低いものの（Cutting & Dunn, 2002），失敗した活動に対する再挑戦の意欲は高く（Mizokawa, 2015），児童期の学業成績がよい（Lecce et al., 2011; Lecce et al., 2014）など，失敗を指摘された後の動機づけの高さや将来の学校生活の良好さとの関連も明らかになっている。

　心の理論は，社会生活を円滑にするというポジティブな側面だけをもつものでなく，時には，他者をだましたり陥れたりするための反社会的な目的でも利用される（Hughes, 2011; Repacholi et al., 2003）。日本の幼児を対象とした研究（Mizokawa & Hamana, 2020）からは，家庭内で母親から日常的に強いネガティブ感情を向けられている子どもにおいては，心の理論が発達しているほど，保育所での仲間への関係性攻撃（仲間関係を意図的に操作し，壊すことによって他者を傷つける攻撃行動; Crick & Grotpeter, 1995）が多く見られることが示されている。ただし，この心の理論と関係性攻撃の関連は男児においてのみ認められており，家庭環

境（母親のネガティブ感情表出性）からの影響の受けやすさは男女間で異なる可能性がある。児童を対象とした別の研究からは，いじめの首謀者の児童は，他の児童（いじめの追従者，被害者など）よりも心的状態の理解に長けていることが明らかにされている（Sutton et al., 1999）。心の理論とネガティブな社会的行動の関連に関する研究は少ないため，いかなる特性をもつ子どもが，いかなる対人関係や状況の中で，心の理論の能力をネガティブな目的で使用するのかを明らかにするための今後の研究が待たれる。

　感情理解に関しても心の理論と同様に，良好な社会生活との関連が示されている。メタ分析（Trentacosta & Fine, 2010）によると，幼児期・児童期において，感情理解が優れている子どもほど，社会的コンピテンスが高く，内在化問題（抑うつなど）が少なく，外在化問題（攻撃行動など）が少ない。これらの知見は，他者の視点に立ち，他者の感情を適切にとらえ，自分の行動が他者の感情状態にどのような影響を及ぼすかを理解できる子どもほど，社会において適応的に振る舞えることを示唆するものである。

　ただし，本章のはじめに述べたように，心の理論の発達と感情理解の発達は単一のものではない。幼児の心の理論と感情理解の両者の組み合わせと社会的相互作用の関連を検討した研究からは，心の理論が未発達の場合には，隠された感情の理解に優れている子どもほど，仲間への共感的反応に乏しく，仲間関係が良好でないことが示されている（溝川・子安，2011）。ここから，子どもの社会性の発達の様相をとらえるためには，心の理論と感情理解のどちらか一方ではなく，両側面から見ていく必要があると考えられる。

●心の理論・感情理解の文化差

　最後に，心の理論と感情理解の文化差について考察する。本章では，「心」の表象に着目して，社会性の発達を見てきた。ここで紹介した研究の大半は欧米で実施されたものである。1990年代以降，日本においても心の理論と感情理解の発達研究は盛んに行われてきたが，その多くが欧米発の研究の理論的枠組みの中で，欧米で開発された課題を用いたものであった。

　実は，欧米で開発された標準的な課題を使用して日本で実験や調査を実施すると，子どもが，本来の枠組みの中では想定されていなかったような思わぬ反応を示すことがある（溝川，2018）。心の理論に関しては，日本の子どもは，イギリスやアメリカの子どもに比して誤信念課題の通過が1〜2年ほど遅れ（Hughes et al., 2014; Naito & Koyama, 2006; Wellman et al., 2001），他の心の理論課題の達成順序も欧米とは異なること（東山，2007）が示されている。しかし，日本の子どもが欧米の子どもと比べて，単純に他者の心的状態の理解が不得手であることだけが原因で，1〜2年もの遅れが生じるとは考えにくい（cf. Mizokawa, in press）。この問題については，文化によって人間の行動の解釈の仕方が異なっているために，欧米の対人理解のあり方を反映させたオリジナルの課題設定と正解の基準を適用すると日本の子どもの心的状態の理解を適切に取り出せない可能性が指摘されている（内藤，2011）。実際に，誤信念課題の主人公の行動について日本の子ども（6〜8歳児）に理由づけをするよう求めると，誤信念課題のテスト質問（モノの移動を見ていなかった主人公が，戻ってきた後にどこを探すか）に正答した子どもの多くが，主人公の知識状態（例，主人公はモノの移動（X→Y）を見ていないから本当の場所を知らないこと）を客観的に語るのではなく，状況や文脈（例，Xは主人公が最初においた場所であること）に着目し，言及することが示されている（Naito & Koyama, 2006）。筆者は現在，日本語版感情理解課題（TEC-J）の作成に取り組んでいるが，

　そのデータからは，やはり欧米で「正答」とされている答えが必ずしも日本人に「正答」とみなされるものではなかったり，感情理解の９つの下位テストに通過する順序に違いが認められたりすることが明らかになりつつある。

　自己や他者の「心」のとらえ方や，社会的な振る舞いは，子どもの育つ文化の中で継承される社会的信念や慣習等の影響を受けて獲得されていくものである。欧米の理論や研究知見をベースにした心理臨床・教育・保育の実践は少なくないが，欧米の理論や知見を無批判に取り入れるのでなく，日本人の「心」の表象や社会性のありかたとその発達への理解を深め，違いを踏まえて実践を行う姿勢が必要とされよう。

謝辞　本章の執筆にあたり，科研費（19K03226）の助成を受けた。

引用文献

Albanese, O., De Stasio, S., Di Chiacchio, C., Fiorilli, C., & Pons, F. (2010). Emotion comprehension: The impact of nonverbal intelligence. *The Journal of Genetic Psychology, 171*, 101-115.

Altshuler, J. L., & Ruble, D. N. (1989). Developmental changes in children's awareness of strategies for coping with uncontrollable stress. *Child Development, 60*, 1337-1349.

Appleton, M., & Reddy, V. (1996). Teaching 3-year-olds to pass false-belief tests: A conversational approach. *Social Development, 5*, 275-291.

Astington, J. W., & Jenkins, J. M. (1999). A longitudinal study of the relation between language and theory-of-mind development. *Developmental Psychology, 35*, 1311-1320.

Baron-Cohen, S., Leslie, A. M., & Frith, U. (1985). Does the autistic child have a "theory of mind"? *Cognition, 21*, 37-46.

Baron-Cohen, S., O'Riordan, M., Stone, V., Jones, R., & Plaisted, K. (1999). Recognition of faux pas by normally developing children and children with Asperger syndrome or high-functioning autism. *Journal of Autism and Developmental Disorders, 29*, 407-418.

Bartsch, K., & London, K. (2000). Children's use of mental state information in selecting persuasive arguments. *Developmental Psychology, 36*, 352-365.

Bushneil, I. W. R., Sai, F., & Mullin, J. T. (1989). Neonatal recognition of the mother's face. *British Journal of Developmental Psychology, 7*, 3-15.

Caputi, M., Lecce, S., Pagnin, A., & Banerjee, R. (2012). Longitudinal effects of theory of mind on later peer relations: The role of prosocial behavior. *Developmental Psychology, 48*, 257-270.

Castro, V. L., Cheng, Y., Halberstadt, A. G., & Grühn, D. (2016). EUReKA! A conceptual model of emotion understanding. *Emotion Review, 8*, 258-268.

Celani, G., Battacchi, M. W., & Arcidiacono, L. (1999). The understanding of the emotional meaning of facial expressions in people with autism. *Journal of Autism and Developmental Disorders, 29*, 57-66.

Crick, N. R., & Grotpeter, J. K. (1995). Relational aggression, gender, and social-psychological adjustment. *Child Development, 66*, 710-722.

Cutting, A. L., & Dunn, J. (1999). Theory of mind, emotion understanding, language, and family background: Individual differences and interrelations. *Child Development, 70*, 853-865.

Cutting, A. L., & Dunn, J. (2002). The cost of understanding other people: Social cognition predicts young children's sensitivity to criticism. *Journal of Child Psychology and Psychiatry, 43*, 849-860.

Dennett, D. C. (1978). Beliefs about beliefs. *Behavioral and Brain Sciences, 1*, 568-570.

de Rosnay, M., & Harris, P. L. (2002). Individual differences in children's understanding of emotion: The roles of attachment and language. *Attachment & Human Development, 4*, 39-54.

De Villiers, J. G., & De Villiers, P. A. (2000). Linguistic determinism and the understanding of false beliefs. In P. Mitchell & K. Riggs (Eds.). *Children's reasoning and the mind* (pp. 189-226). Hove, UK: Psychology Press.

Devine, R. T., & Hughes, C. (2014). Relations between false belief understanding and executive function in early childhood: A meta-analysis. *Child Development, 85*, 1777-1794.

Dunn, J. (1995). Children as psychologists: The later correlates of individual differences in understanding of emotions and other minds. *Cognition & Emotion, 9*, 187-201.

Dunn, J., Brown, J., & Beardsall, L. (1991). Family talk about feeling states and children's later understanding of others' emotions. *Developmental Psychology, 27*, 448-455.

Dunn, J., Brown, J., Slomkowski, C., Tesla, C., & Youngblade, L. (1991). Young children's understanding of other people's feelings and beliefs: Individual differences and their antecedents. *Child Development, 62*, 1352-1366.

Dyck, M. J., Farrugia, C., Shochet, I. M., & Holmes-Brown, M. (2004). Emotion recognition/understanding ability in hearing or vision-impaired children: Do sounds, sights, or words make the difference? *Journal of Child Psychology and Psychiatry, 45*, 789-800.

Field, T. M., Woodson, R., Greenberg, R., & Cohen, D. (1982). Discrimination and imitation of facial expression by neonates. *Science, 218* (4568), 179-181.

Filippova, E., & Astington, J. W. (2010). Children's understanding of social-cognitive and social-communicative aspects of discourse irony. *Child Development, 81*, 913-928.

藤野　博（2018）. 心の理論の非定型発達　藤野　博・東條吉邦（編）　発達科学ハンドブック第10巻 自閉スペクトラムの発達科学（pp. 114-124）　新曜社

Gopnik, A., & Graf, P. (1988). Knowing how you know: Young children's ability to identify and remember the sources of their beliefs. *Child Development, 59*, 1366-1371.

Happé, F. G. (1995). The role of age and verbal ability in the theory of mind task performance of subjects with autism. *Child Development, 66*, 843-855.

Harris, P. L., de Rosnay, M., & Pons, F. (2005). Language and children's understanding of mental states. *Current Directions in Psychological Science, 14*, 69-73.

Harris, P. L., de Rosnay, M., & Pons, F. (2016). Understanding emotion. In M. Lewis, J. M. Haviland-Jones, & L. F. Barrett. (Eds.), *Handbook of emotions.* (4th ed.). New York: Guilford.

Harris, P. L., Donnelly, K., Guz, G. R., & Pitt-Watson, R. (1986). Children's understanding of the distinction between real and apparent emotion. *Child Development, 57*, 895-909.

Harris, P. L., Johnson, C. N., Hutton, D., Andrews, G., & Cooke, T. (1989). Young children's theory of mind and emotion. *Cognition and Emotion, 3*, 379-400.

Harter, S., & Buddin, B. J. (1987). Children's understanding of the simultaneity of two emotions: A five-stage developmental acquisition sequence. *Developmental Psychology, 23*, 388-399.

林　創（2001）.「心の理論」の二次的信念に関わる再帰的な心的状態の理解とその機能　京都大学大学院教育学研究科紀要, *47*, 330-342.

林　創（2002）. 児童期における再帰的な心的状態の理解　教育心理学研究, *50*, 43-53.

Hayashi, H., & Ban, Y. (2020). Children's understanding of unintended irony and unsuccessful irony. *European Journal of Developmental Psychology*. Online first publication.

Hughes, C. (2011). *Social understanding and social lives: From toddlerhood through to the transition to school.* London, UK: Psychology Press.

Hughes, C., & Devine, R. T. (2015). A social perspective on theory of mind. In M. E. Lamb (Ed.), *Handbook of child psychology and developmental science* (7th ed., vol. 3, pp. 564-609). Hoboken, NJ: John Wiley.

Hughes, C., Devine, R., Ensor, R., Koyasu, M., Mizokawa, A., & Lecce, S. (2014). Lost in translation? Comparing British, Japanese, and Italian children's theory-of-mind performance. *Child Development Research, 2014*, 1-10.

Imuta, K., Henry, J. D., Slaughter, V., Selcuk, B., & Ruffman, T. (2016). Theory of mind and prosocial behavior in childhood: A meta-analytic review. *Developmental Psychology, 52*, 1192-1205.

加藤義信（2007）. 発達の連続性 vs. 非連続性の議論からみた表象発生問題——アンリ・ワロンとフランス心理学に学ぶ——　心理科学, *27*, 43-58.

LaBarbera, J. D., Izard, C. E., Vietze, P., & Parisi, S. A. (1976). Four- and six-month-old infants' visual responses to joy, anger, and neutral expressions. *Child Development, 47*, 535-538.

Lagattuta, K. H., Wellman, H. M., & Flavell, J. H. (1997). Preschoolers' understanding of the link between thinking and feeling: Cognitive cuing and emotional change. *Child Development, 68*, 1081-1104.

Laugen, N. J., Jacobsen, K. H., Rieffe, C., & Wichstrøm, L. (2017). Social skills in preschool children with unilateral and mild bilateral hearing loss. *Deafness & Education International, 19*, 54-62.

Lecce, S., Caputi, M., & Hughes, C. (2011). Does sensitivity to criticism mediate the relationship between theory of mind and academic achievement? *Journal of Experimental Child Psychology, 110*, 313-331.

Lecce, S., Caputi, M., & Pagnin, A. (2014). Long-term effect of theory of mind on school achievement: The role of sensitivity to criticism. *European Journal of Developmental Psychology, 11*, 305-318.

Lohmann, H., & Tomasello, M. (2003). The role of language in the development of false belief understanding: A training study. *Child Development, 74*, 1130-1144.

Lorenz, K. (1943). Die angeborenen Formen möglicher Erfahrung [The innate forms of potential experience]. *Zeitschrift für Tierpsychologie, 5*, 235-409.

Mancini, P., Giallini, I., Prosperini, L., D'alessandro, H. D., Guerzoni, L., Murri, A., ... & Nicastri, M. (2016). Level of

82

emotion comprehension in children with mid to long term cochlear implant use: How basic and more complex emotion recognition relates to language and age at implantation. *International Journal of Pediatric Otorhinolaryngology, 87*, 219-232.

Meins, E., Fernyhough, C., Wainwright, R., Clark Carter, D., Gupta, M., Fradley, E., & Thckey, M. (2003). Pathways to understanding mind: Construct validity and predictive validity of maternal mind-mindedness. *Child Development, 74*, 1194-1211.

Mehler, J., Bertoncini, J., Barriere, M., & Jassik-Gerschenfeld, D. (1978). Infant recognition of mother's voice. *Perception, 7*, 491-497.

Meltzoff, A. N. (1995). Understanding the intentions of others: Re-enactment of intended acts by 18-month-old children. *Developmental Psychology, 31*, 838-850.

Milligan, K., Astington, J. W., & Dack, L. A. (2007). Language and theory of mind: Meta-analysis of the relation between language ability and false-belief understanding. *Child Development, 78*, 622-646.

Minter, M., Hobson, R. P., & Bishop, M. (1998). Congenital visual impairment and 'theory of mind'. *British Journal of Developmental Psychology, 16*, 183-196.

Mizokawa, A. (2015). Theory of mind and sensitivity to teacher and peer criticism among Japanese children. *Infant and Child Development, 24*, 189-205.

溝川　藍 (2018).「日本の発達心理学」の発信──社会的文脈の中の子ども探究── 発達心理学研究, *29*, 172-180.

Mizokawa, A. (in press). Japanese and British children's understanding of the social function of pretend crying. *Japanese Psychological Research, 64*. Online first publication.

Mizokawa, A., & Hamana, M. (2020). The relationship of Theory of Mind and maternal emotional expressiveness with aggressive behaviours in young Japanese children: A gender-differentiated effect. *Infant and Child Development, 29*, 1-15.

溝川　藍・子安増生 (2011). 5，6歳児における誤信念及び隠された感情の理解と園での社会的相互作用の関連 発達心理学研究, *22*, 168-178.

森野美央 (2005). 幼児期における心の理論発達の個人差, 感情理解発達の個人差, 及び仲間との相互作用の関連 発達心理学研究, *16*, 36-45.

Morra, S., Parrella, I., & Camba, R. (2011). The role of working memory in the development of emotion comprehension. *British Journal of Developmental Psychology, 29*, 744-764.

内藤美加 (2011). "心の理論" の概念変化 心理学評論, *54*, 249-263.

内藤美加 (2018).「心の理論」仮説の有効性と課題 藤野　博・東條吉邦（編） 発達科学ハンドブック第10巻 自閉スペクトラムの発達科学 (pp. 103-113) 新曜社

Naito, M., & Koyama, K. (2006). The development of false-belief understanding in Japanese children: Delay and difference? *International Journal of Behavioral Development, 30*, 290-304.

Nunner-Winkler, G., & Sodian, B. (1988). Children's understanding of moral emotions. *Child Development, 59*, 1323-1338.

小川絢子・子安増生 (2008). 幼児における「心の理論」と実行機能の関連性──ワーキングメモリと葛藤抑制を中心に── 発達心理学研究, *19*, 171-182.

Ornaghi, V., Brockmeier, J., & Gavazzi, I. G. (2011). The role of language games in children's understanding of mental states: A training study. *Journal of Cognition and Development, 12*, 239-259.

Pavarini, G., de Hollanda Souza, D., & Hawk, C. (2013). Parental practices and theory of mind development. *Journal of Child and Family Studies, 22*, 844-853.

Perner, J., & Wimmer, H. (1985). "John thinks that Mary thinks that…" attribution of second-order beliefs by 5- to 10-year-old children. *Journal of Experimental Child Psychology, 39*, 437-471.

Peterson, C. C., & Siegal, M. (1995). Deafness, conversation and theory of mind. *Journal of child Psychology and Psychiatry, 36*, 459-474.

Pons, F., & Harris, P. (2000). *Test of Emotion Comprehension: TEC*. University of Oxford.

Pons, F., & Harris, P. (in press). *TEC 2.0*. Francfort Communication & Partenaires.

Pons, F., Harris, P. L., & de Rosnay, M. (2004). Emotion comprehension between 3 and 11 years: Developmental periods and hierarchical organization. *European Journal of Developmental Psychology, 1*, 127-152.

Pons, F., Harris, P. L., & Doudin, P. A. (2002). Teaching emotion understanding. *European Journal of Psychology of Education, 17*, 293-304.

Premack, D., & Woodruff, G. (1978) Does the chimpanzee have a theory of mind? *Behavioral and Brain Sciences, 1*, 515-526.

Reddy, V. (2008). *How infants know minds*. Cambridge, MA: Harvard University Press. (佐伯　胖（訳）(2015). 驚くべき乳幼児の心の世界──「二人称的アプローチ」から見えてくること── ミネルヴァ書房)

Repacholi, B. M., & Gopnik, A. (1997). Early reasoning about desires: evidence from 14- and 18-month-olds.

Developmental Psychology, 33, 12-21.

Repacholi, B., Slaughter, V., Pritchard, M., & Gibbs, V. (2003). Theory of mind, machiavellism, and social functioning in childhood. In B. Repacholi & V. Slaughter (Eds.), *Individual differences in theory of mind. Macquarie monographs in cognitive science* (pp. 99-120). Hove, E. Sussex: Psychology Press.

Salomone, E., Bulgarelli, D., Thommen, E., Rossini, E., & Molina, P. (2019). Role of age and IQ in emotion understanding in Autism Spectrum Disorder: Implications for educational interventions. *European Journal of Special Needs Education, 34*, 383-392.

Schick, B., De Villiers, P., De Villiers, J., & Hoffmeister, R. (2007). Language and theory of mind: A study of deaf children. *Child Development, 78*, 376-396.

Serrano, J. M., Iglesias, J., & Loeches, A. (1992). Visual discrimination and recognition of facial expressions of anger, fear, and surprise in 4- to 6-month-old infants. *Developmental Psychobiology, 25*, 411-425.

Slaughter, V., Imuta, K., Peterson, C. C., & Henry, J. D. (2015). Meta-analysis of theory of mind and peer popularity in the preschool and early school years. *Child Development, 86*, 1159-1174.

Sorce, J. F., Emde, R. N., Campos, J. J., & Klinnert, M. D. (1985). Maternal emotional signaling: Its effect on the visual cliff behavior of 1-year-olds. *Developmental Psychology, 21*, 195-200.

Sprung, M., Münch, H. M., Harris, P. L., Ebesutani, C., & Hofmann, S. G. (2015). Children's emotion understanding: A meta-analysis of training studies. *Developmental Review, 37*, 41-65.

Steele, H., Steele, M., Croft, C., & Fonagy, P. (1999). Infant-mother attachment at one year predicts children's understanding of mixed emotions at six years. *Social Development, 8*, 161-178.

Sutton, J., Smith, P. K., & Swettenham, J. (1999). Social cognition and bullying: Social inadequacy or skilled manipulation? *British Journal of Developmental Psychology, 17*, 435-450.

Talwar, V., Murphy, S. M., & Lee, K. (2007). White lie-telling in children for politeness purposes. *International Journal of Behavioral Development, 31*, 1-11.

Thompson, R. A. (2000). The legacy of early attachments. *Child Development, 75*, 145-152.

Tomasello, M. (1999). *The cultural origins of human cognition.* Cambridge, MA: Harvard University Press. (大堀壽夫ほか（訳）（2006）．心とことばの起源を探る──文化と認知──　勁草書房)

東山　薫 (2007). "心の理論"の多面性の発達　教育心理学研究, *55*, 359-369.

Trentacosta, C. J., & Fine, S. E. (2010). Emotion knowledge, social competence, and behavior problems in childhood and adolescence: A meta-analytic review. *Social Development, 19*, 1-29.

Vaish, A., & Striano, T. (2004). Is visual reference necessary? Contributions of facial versus vocal cues in 12-month-olds' social referencing behavior. *Developmental Science, 7*, 261-269.

Walle, E. A., Reschke, P. J., Camras, L. A., & Campos, J. J. (2017). Infant differential behavioral responding to discrete emotions. *Emotion, 17*, 1078-1091.

Wellman, H. M., Cross, D., & Watson, J. (2001). Meta-analysis of theory-of-mind development: the truth about false belief. *Child Development, 72*, 655-684.

Widen, S. C., & Russell, J. A. (2003). A closer look at preschoolers' freely produced labels for facial expressions. *Developmental Psychology, 39*, 114-128.

Widen, S. C., & Russell, J. A. (2010). Differentiation in preschooler's categories of emotion. *Emotion, 10*, 651-661.

Wimmer, H., Hogrefe, G. J., & Perner, J. (1988). Children's understanding of informational access as source of knowledge. *Child Development, 59*, 386-396.

Wimmer, H., & Perner, J. (1983) Beliefs about beliefs: Representation and constraining functions of wrong beliefs in young children's understanding of deception. *Cognition, 13*, 103-128.

Winner, E. (1988). *The point of words: Children's understanding of metaphor and irony.* Cambridge, MA: Harvard University Press.

Woodward, A. L. (1998). Infants selectively encode the goal object of an actor's reach. *Cognition, 69*, 1-34.

Yuill, N. (1984). Young children's coordination of motive and outcome in judgements of satisfaction and morality. *British Journal of Developmental Psychology, 2*, 73-81.

9

思春期・青年期の発達
（思春期・青年心理学）

平石賢二

●移行期としての思春期・青年期の特徴

（1）思春期・青年期とは

　思春期（puberty），青年期（adolescence）は子どもから大人への移行期（transitional period）または過渡期として位置づけられている発達段階であり，成人期を迎えるための準備期間としてみなされている。思春期，青年期では中等教育，高等教育における進路決定を経験し，最終的には職業決定を含むキャリアの選択が期待される。

　思春期は，身長や体重が急激に増大する「成長のスパート」と呼ばれる現象や，第二次性徴に代表される性的成熟などの身体的発達の特徴が顕著になる時期を指して用いられることが多い。そのため，年齢範囲では小学校高学年から高校生年代までを含んでいる。他方，青年期は学校教育段階を考慮し，中学生を青年期前期，高校生を青年期中期，大学生を青年期後期として位置づけることが多い。しかし，欧米では教育制度や法律上の成人年齢の違いがあるため，始期はほぼ同じであるが，終期については大学生を含まずに18歳までを青年期として扱い，18歳から25歳くらいまでを成人形成期（emerging adulthood）（Arnett, 2000）と呼ぶのが一般的になっている。他方で，日本では新たに，笠井（2015）らが脳科学を中心にほかの学問分野である発達心理学や発達精神病理学等の思春期に関する研究知見を包括的に扱おうとする総合人間科学としての「思春期学」という新たな学術領域を提唱している。そして，そこでは特に脳の発達の観点から，10〜20歳くらいまでを思春期（adolescence）とし，20〜25歳くらいを青年期（young adulthood）と呼ぶのが妥当だと述べている。このように思春期と青年期は概念的にも重なる部分が多く，研究者や研究分野によって使い方が異なることがある。

（2）思春期・青年期における主要な発達の側面

1）思春期・青年期における発達的移行
　図9-1は，思春期，青年期における主要な発達的側面とその基盤となる社会的文脈を図示したものである。

　個人は誕生から児童期までの間に，それぞれの身体的基盤（たとえば，発達障害なども含まれる）を有し，環境との相互作用の経験を通して，さまざまな能力と人格発達を達成させてきている。

　児童期から思春期，青年期への発達的移行を理解するうえで重要な主な側面としては身体的

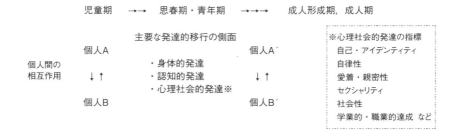

図9-1　思春期・青年期における発達的な移行

発達とそれに伴う心理的変化，認知的発達，心理社会的発達の大きく3つの柱を想定することができる。当然，この3つの主要な発達的移行の側面は相互に関連し合うものである。心理社会的発達の具体的指標には※印で示したテーマが重視され，多くの研究の対象になっている。

　発達的移行に関して重視すべきことは，個人内変化にとどまらない。特に重要な観点は，個人間の相互作用と，社会的文脈との相互作用である。思春期，青年期にある子どもたちは，それぞれのタイミングで固有の思春期，青年期の体験をしているが，急速に変化している者同士の関係性に注目する必要がある。また，社会的文脈との相互作用に関しては，後述する「学校移行」が特に大きな環境の変化として経験されることになるが，自律性の発達に伴い，親子や家族との関係性においても大きな変化が生じる。また，友人や仲間，異性との関係も学校移行の度に新たな関係形成の課題に直面することになり，心理的負荷を伴うライフイベントになる可能性がある。そして，青年期の後半になるとアルバイトなどを通じて仕事と職場を経験することになる。アルバイトは学校では経験しがたい新たな「役割実験」または自己形成活動（溝上ら，2016）であり，また，異世代の人々は役割モデルとして心の中に取り入れられることになり，アイデンティティ形成に少なからず影響を及ぼす可能性がある。

　続いて，主要な発達的移行の側面の中からいくつかテーマを取り上げて，その特徴について述べることにする。これらは，次節以降において述べる自己・アイデンティティ，学校移行の問題とも深く関連するものである。

2）身体的発達　　人は自らの身体に対して身体イメージ（body image）を形成し，それに対する評価や感情をもっている。身体イメージは自己イメージの一部であり，人によっては最も重要な領域として個人に意味づけられている。自らの身体に対する評価と感情は，身体満足度という概念で研究されることが多い。身体満足度は，身体的要因や個人の心理的要因だけでなく，その個人の社会的関係性（家族，友人，仲間，恋人との関係性）や生態学的によりマクロなレベルでの社会的文化的要因の影響を受けている（Jones & Smolak, 2011）。そして，身体満足度の低さは特に思春期における心理的な適応や健康にネガティブな影響を与えることが明らかになっている（上長，2007；齊藤，2014）。その他，性的成熟による性行動，性役割観とジェンダー・アイデンティティの形成などへの影響も重要なテーマである。

　思春期の身体的発達に関しては，近年，脳科学的な研究が注目されている。前述の笠井（2015）は，思春期，青年期から成人期までの前頭前野の成熟と神経回路再編が，自分固有の価値形成や自己制御の発達に深く関連していると述べている。また，小池（2015）は第二次性徴の発来以降の思春期において，大脳辺縁系の活発な活動に対して前頭前野の発達が遅れるために，バランスが崩れ，一過的な情動系亢進が生じ，それがリスク行動につながるとしている。ただし，彼らによれば，思春期における脳の発達と心理行動面との関連に関する実証研究はまだ十分ではなく，今後の研究成果が期待される領域とされている。

　3）認知的発達　　思春期・青年期の認知的発達の代表的特徴は，ピアジェ（Piaget, 1964）が提唱した形式的操作段階の思考である。形式的操作期においては仮説演繹的な思考が可能になる。また，組み合わせ思考，命題的思考，批判的思考などが発達するとされている。これらの高次の思考能力は，次節で扱う自己認知の発達やアイデンティティ形成の基盤として影響を及ぼし，また，対人認知や社会性の発達とも関連している。

　次に，社会性の一側面でもある「視点取得能力（perspective taking）と対人交渉方略（interpersonal negotiation strategy）」の発達について紹介する。表9-1は，セルマン（Selman, 2003）が提唱した視点取得能力の発達段階とその特徴を示したものである。幼児期は自己中心性の段階にあり，自他の視点の区別がつかない自己中心的な視点しか有していない。児童期に入ると自他の視点が分化し，人が主観をもつ存在であることを理解できる段階に進む。そして，児童期後期では，他者の視点から自分の主観的な視点を理解するという，二人称的で互恵的な視点取得の段階に上がる。思春期もしくは青年期前期の段階においては，さらに二人称を超えて三人称的な視点を獲得し，彼あるいは彼女の視点から私たちの視点を理解することが可能となる。すなわち，二者関係から三者関係への移行である。最終段階では多様な視点を理解することが可能となり，具体的な目の前の他者を超えた，法律や道徳といった社会的慣習などの一般化された他者の視点でも自分自身の視点を理解することができるとされている。また，セルマンは，対人関係上の対立や葛藤が生じた際，子どもは視点取得能力のレベルが低いほど対人交渉が未熟で，他者を変えることで対立や葛藤を解決する「他者変換志向方略」か，逆に自分が変わることで解決しようとする「自己変換志向方略」のいずれかを用いやすいと述べている。しかし，視点取得能力がレベル2から3に上がると，自他の願望を共同的に変化させ，

表9-1　**視点取得能力の発達**（Selman, 2003に基づき作成）

発達レベルと出現する年齢	各発達レベルにおける視点取得能力の特徴
0（3～5歳）	一人称的（自己中心的）視点取得 自己中心的な視点で理解する
1（6～7歳）	一人称的・主観的視点取得 自分の視点とは分化した他者（あなた）の視点を理解する
2（8～11歳）	二人称的・互恵的視点取得 他者（あなた）の視点から自分の主観的な視点を理解する
3（12～14歳）	三人称的・相互的視点取得 彼あるいは彼女の視点から私たちの視点を理解する
4（15～18歳）	三人称的・一般化された他者としての視点取得 多様な視点の文脈のなかで自分自身の視点を理解する

相互的目標を追求するために自他の視点を協応させ，対立，葛藤を解決する力が身につくとしている。

　学校現場においては，小学校高学年から中学生にかけていじめや不登校など対人関係上の問題が急増する。特に三者関係かそれ以上の人数での問題が生じやすくなる。セルマンは，子どもたちの学校適応上の問題は，この視点取得能力と対人交渉方略の未熟さや集団内での個人差が背景にあると指摘している。そして，その発達の遅れや偏りを改善するために，セルマンの理論は心理教育（Selman, 2003；渡辺，2001）や遊戯療法（Selman & Schultz, 1990; Selman et al., 1997）にも応用されている。

　　4）自律性と愛着　　心理社会的発達に関しては，「自律性（autonomy）」と「愛着（attachment）」を取り上げたい。日本においては心理的自立（independence）に着目した研究が多く行われてきたが，海外では自律性に関心が払われてきた（Soenens et al., 2018）。自律性は自立と同様に多義的な概念であるが，一般的には「情緒的自律性」，「行動的自律性」，「価値的自律性」の3つに分類されている（Goossens, 2006）。

　「情緒的自律性」は，ブロス（Blos, 1967）が提唱した「第2の個体化過程（second individuation process）」を理論的背景とする概念である。この概念は，ステインバーグとシルヴァーバーグ（Steinberg & Silverberg, 1986）が測定尺度を開発し，実証的な研究を行ったところに端を発して，その後も広く研究が行われてきている。ステインバーグらの尺度は，「親への脱理想化（de-idealization）」，「親を普通の人としてみなすこと（perceives parents as people）」，「親への非依存（nondependency）」，「個体化（individuation）」の4つの側面を測定する下位尺度から構成されている。そして，情緒的自律性は5年生から8年生までの間に年齢差があり，年齢とともに情緒的自律性得点が上昇することが明らかにされている。行動的自律性は，自律した意思決定と行動を指している。大人や仲間などの他者からの圧力に同調または屈するのではなく，強い意志に基づいた決定と責任ある行動をとれるかどうかを指す概念である。そして，価値的自律性は，道徳的推論や行動，個人的な信念，政治や宗教などに関する考えなど，個人の価値体系や信念体系に関する側面である。子どもは児童期までは，親などの権威ある大人に対する理想化と同一化に基づいて価値体系を形成するが，思春期，青年期に入ると，その価値体系を自らの意志で再考し，新たな価値の探求と形成を行うことになる。

　このような自律性の諸側面はいずれも思春期，青年期において望まれる発達の指標として取り上げられてきた。また，自律性はアイデンティティ形成や，友人関係，恋愛関係などの対人関係面においてもその基礎として機能していると考えられる。しかしながら，情緒的自律性に関しては，「脱愛着論争（detachment debate）」と呼ばれる議論が生じている（Goossens, 2006）。すなわち，情緒的自律性が望ましい発達的特徴を示しているという報告がある一方で，情緒的自律性の高さは抑うつや不安，薬物使用など心理的不適応の側面と正の関連があったという結果も報告され，研究知見の不一致が認められたのである。この論争以降，情緒的自律性の高さの意味は，親子関係や性別，年齢などの背景要因を考慮する必要があり，親から心理的に分離していることが必ずしも青年の健康な発達の指標にはならないという見方が主流になっている。そして，自律性は愛着などの心理的な結びつきと一次元上の対極にあるのではなく，「結びつきを伴った自律性（autonomy with connectedness）（Sroufe et al., 2005）」として理解することが重視されている。

　青年と両親との心理的な結びつきに関して，特に影響が大きかったのはボウルビィが提唱した愛着理論（Bowlby, 1969, 1973）であり，青年期や成人期以降の発達研究に取り入れられてきた。愛着は乳幼児期における発達課題として提唱されたが，生涯にわたり重要となる心理的メカニズムとして位置づけられている（Sroufe, 2016）。青年期における愛着の内的作業モデルは，その対象を主たる養育者から友人や恋人へ拡大し，再体制化されるとされている（川本, 2015）。また，一般的な対人関係スタイルとしても取り上げられているが，いずれの研究においても安定型（secure type）であることが心理社会的発達や心理的適応において望ましいという結果が示されている（遠藤, 2015）。

　その他，愛着概念以外にも信頼感（渡邉ら, 2020）や感謝（池田, 2010）などの研究があり，いずれの研究も良好な結びつきのある親子関係は青年の健康な発達や心理的適応に関連していることを報告している。

●自己・アイデンティティの発達

（1）自己の発達

1）自己概念，自己評価の発達的変化　
自己の発達，自己形成の課題は，古くから青年期における中心的なテーマとして取り扱われてきた。自己概念は認識された客体としての自己の総称として用いられている。思春期，青年期における自己概念の発達は，未分化な自己システムがより分化，抽象化したものとなり，最終的にそれはより統合されたシステムになっていくプロセスとしてとらえられている（Bernstein, 1980）。また，社会的外面から心理的内面による概念化や対人感情，関係性の観点からの概念化も増大していく（Rosenberg, 1986）。

　自己評価に関しては対人関係などのさまざまな外的要因の影響を受け，個人差があるため，すべての青年に共通した発達的変化というものは見出しにくい。たとえば，ツィマーマンら（Zimmerman et al., 1997）は6年生から10年生までの自尊感情の変化を縦断的に調査し，クラスタ分析によって，一貫して高い群，一貫して低い群，次第に低下していく群，次第に上昇していく群という4つの異なる変化の軌跡を明らかにしている。

2）自己の多面性と関係性　
自己に関しては，数多くの理論が存在するが，特に他者との関係性と関係性の文脈による自己の多面性を考慮した自己論が注目されているように思われる。たとえば，ハーター（Harter, 1999）は，さまざまな他者との関係性における自己のあり方を，図9-2に示すような自由記述式の方法によって測定を行っている。研究協力者は，6つの異なる他者との関わりの中で自分がどのような人物かを自由に記述するよう求められた。そして，すべてを記入した後に，記述内容の中から反対語になっていると思われるものを実線で結び，さらにその中から，内的な葛藤を感じているものに関して矢印で結ぶように求められた。図9-2は15歳の女子が書いた異なる関係性の中での多面的自己を表している。ハーターはこの方法を用いた横断的な調査の結果，青年前期においては自己の対立や葛藤が少ないが，中期に入ると対人的文脈間での自己の対立と葛藤が増え，そして，後期には自己の対立はあっても葛藤は少なくなるという差異が認められたとしている。そして，このことは多様な対人的な文脈の中で未分化な自己が分化し，対立と葛藤を経て，最終的には上位の自己概念に統合されていくプロセスを表していると述べている。

　自己の多面性に関しては，近年，木谷・岡本（2016, 2018）が現代青年の特徴として取り上

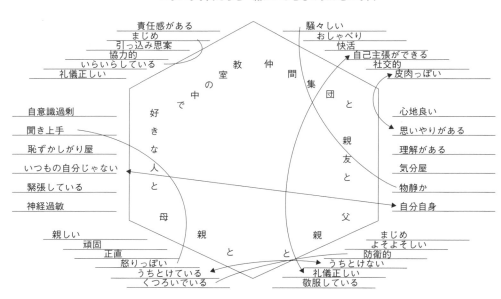

いろいろな人たちと一緒にいるときの私はどんな人

図9-2　15歳女子が書いた多面的な自己 （Harter, 1999に基づき作成）

げている。そして，木谷・岡本（2018）は，大学生を対象にして質問紙調査で自己複雑性と抑うつを測定し，その組み合わせによるクラスタ分析の結果，自己拡散群，多元的自己群，一元的自己群の3つのタイプを抽出した。一元的自己群は自己複雑性と抑うつがともに低いが，多元的自己群は，自己複雑性は高いが抑うつは低いという特徴を示しており，このタイプが多元的自我構造を背景にもった青年たちであると述べている。

　自己の世界の構造をどのように想定するのかは理論によって異なる。ここでごく簡単ではあるが紹介しておきたいのが，ハーマンスらの提唱した対話的自己論（Hermans & Kempen, 1993　溝上ら訳 2006）である。ハーマンスの対話的自己論は，ジェームス（James, W.）の主我Iと客我Meの自己論とバフチン（Bakhtin, M.）の多声性（multivoicedness）の考え方を発展させたものである。自己の世界には内部ポジションと外部ポジションがあり，内部ポジションにはさまざまな「私I」が存在し，外部ポジションには私と関わりのある他者や物が位置づけされているというポジション・ワールドを想定している。そして，それぞれの私と他者，物が声によってつながり，意味のある構成をなしていると考えている。ハーマンスはこの理論をもとにして自己対面法（self-confrontation method）という方法を提唱し，それは臨床実践などにも応用されている。日本では溝上（2001）がこの理論を取り入れて，大学生固有の意味世界を明らかにする試みを行っている。

（2）アイデンティティの発達

1）アイデンティティの定義
　　エリクソン（Erikson, 1959）は，青年期の心理社会的発達の課題を「アイデンティティ 対 アイデンティティ拡散」であるとしている。アイデンティティとは「私は私である」という確信を伴った感覚である。アイデンティティを規定する自己

の属性には多様なものが含まれるが，アイデンティティの感覚とは単なる自己概念や自己定義ではない。エリクソンはアイデンティティの感覚について，「内的な斉一性（sameness）と連続性（continuity）を維持しようとする各個人の能力と，他者に対する自己の意味の斉一性，連続性とが一致した時に生じる自信」と定義している。この定義には，個人の内的な自己の斉一性や連続性の感覚に加え，他者との関係性の次元も含まれている。私が私であることに自信がもてるかどうかは，他者によって支えられているのである。そして，このアイデンティティの感覚は生きがいや充実感，使命感をもたらすと考えられている（大野，1984）。

　2）アイデンティティ・ステイタスとアイデンティティ・スタイル　　エリクソンのアイデンティティ理論を早くから実証的研究として俎上にのせ，発展させたのはアイデンティティ・ステイタスモデルを提唱したマーシャ（Marcia, 1966）である。マーシャはアイデンティティ形成においては，アイデンティティの危機または探求と，現在のコミットメントの2つの側面が重要であると考え，そのあり方を半構造化接面接と文章完成法により測定した。危機または探求とは，児童期までの過去の同一視の否定や再吟味，そしてその後の意味ある選択肢の探求と自己決定の経験を指している。また，コミットメントとは自己決定したものへの自己投入を意味している。マーシャはこの2つの観点から，個人の政治的イデオロギー，宗教，職業の領域に対するアイデンティティを4つのステイタスに分類した。4つのステイタスとは「達成（危機または探求の経験後にコミットメントあり）」，「フォークロージャー（危機または探求の経験がないが，コミットメントあり）」，「モラトリアム（危機後の探求の最中であり，コミットメントはない）」，「拡散（危機または探求の経験の有無は両方のタイプがあるが，コミットメントはない）」である。これらのステイタスは青年期の発達的プロセスの中で前進的な方向に進んでいくのが望ましい発達のあり方として考えられているが，クローガーら（Kroger et al., 2010）による先行研究のメタ分析の結果によると，前進的な方向への変化パターンだけではなく，退行的な変化を示すパターンや変化しないパターンも見出されていた。

　このマーシャのアイデンティティ・ステイタスモデルは，数多くの批判を受けながらも，その限界を乗り越える形でアイデンティティ研究を発展させる土台となっている。その代表的なものが探求とコミットメントのスタイルに関する研究である。バーゾンスキー（Berzonsky, 1989）は，アイデンティティ形成のプロセスを重視し，アイデンティティ探求を経験の有無ではなく，認知的スタイル，すなわち個人の問題解決と意思決定のスタイルの観点からとらえ，3つの異なるアイデンティティ・スタイルとして概念化している。1つめは情報志向（information orientation）でこれは問題に関連する情報を探索，詳細に吟味し，評価するスタイルである。2つめは規準志向（normative orientation）で，内在化された因習や規範，周囲からの期待に焦点づけられているスタイルである。そして，3つめは拡散志向（diffuse orientation）で問題解決を回避したり先延ばしするスタイルである。このアイデンティティ・スタイルのモデルは，アイデンティティ・ステイタスモデルが成長や退行によってステイタスを発達的に移行するという考えであるのに対して，むしろアイデンティティ探求のあり方における個人差を明らかにした優れたモデルと言える（西田・杉村，2016）。

　バーゾンスキーのアイデンティティ・スタイル研究は質問紙形式の心理尺度を使用した調査研究によって行われたが，近年では同様に調査研究によるアイデンティティの多次元モデルが複数，提唱されている。その代表的な研究がラークスら（Luyckx et al., 2008）の5次元モデ

ルである。ラークスらはアイデンティティの探求を「広い探求」，「深い探求」，「反芻的探求」の３種類，コミットメントを「コミットメント」と「コミットメントの同一視」の２種類に分類し，合計５つの次元からアイデンティティ形成のプロセスは展開すると考えている。そして，そのサイクルは広い探求からコミットメントへと至る「コミットメント形成サイクル」と，深い探求からコミットメントの同一視へと至る「コミットメント維持・評価サイクル」の二重サイクルがあると指摘している。しかし，いずれのサイクルにおいても青年が再びアイデンティティの混乱に陥る可能性があり，それを反芻的探求によって示している。

　もう１つの多次元モデルは，クロチェッティら（Crocetti, Rubini, Luyckx, & Meeus, 2008; Crocetti, Rubini, & Meeus, 2008）によって提唱された３次元モデルである。クロチェッティらは「コミットメント」，「深い探求」，「コミットメントの再考」という３つの次元を設けた。３次元モデルにおけるコミットメントは，５次元モデルの２つのコミットメントをまとめたものであり，深い探求は同じ側面で，コミットメントの再考が３次元モデル独自の次元である。これら２つの多次元モデルはその後，世界各国で取り入れられ，多くの縦断調査や文化差の検討も行われている（畑野，2019; Hatano et al., 2020 など）。

　　3）関係性と社会的文脈を重視したモデル　　既に述べた通り，エリクソンはアイデンティティ形成において他者との関係性を重視していた。日本においても，その観点を重視した研究が行われている。

　岡本（1999）はアイデンティティには「個としてのアイデンティティ」と「関係に基づくアイデンティティ」の２つの独立した軸があると述べている。また，宗田・岡本（2005，2013）では，この両軸を測定する尺度を開発し，大学生と大学院生に対して調査を行い，信頼性と妥当性について検討している。

　また，杉村（2005）は「アイデンティティ形成とは，自己の視点に気づき他者の視点を内在化しながら，そこで生じた自己と他者の視点の間の食い違いを相互調整によって解決する作業である」と述べ，アイデンティティ形成の本質を関係性の中に見出している。そして，アイデンティティ探求における関係性のレベルには６つの段階があり，自己と他者の視点を十分に認識していない低次のレベルから自己と他者の視点を十分に認識し，その食い違いを両者の相互調整を通して解決できるより高次のレベルへと発達することを女子青年に対する縦断研究を通して明らかにしている。

　そして，平石（2007）はグローテヴァントとクーパー（Grotevant & Cooper, 1985）が提唱した青年期の親子関係における独自性（individuality）と結合性（connectedness）の概念を取り入れ，青年の職業的アイデンティティ探求における親子間交渉のあり方について研究した。独自性とは親子のコミュニケーションにおける自己主張や相手の見解に対する反対意見の表明を意味している。また，結合性は他者の見解に対する応答性や配慮，尊重を意味している。青年が進路決定や職業決定を行う際に親とどのような交渉を行い，その際に青年が親に対して独自性と結合性をどのように発揮していたのか検討した結果，独自性の高い自己探求型，独自性と結合性の特徴がバランスよく示された統合型，親と同一の職業を選択しようとする再同一視型の３つのタイプを見出している。

●学校移行

（1）学校移行と環境の変化

　1）初等教育から中等教育，高等教育への移行　　　思春期，青年期の特徴を理解するうえでは，環境的移行，特に学校移行（school transition）が短期間で頻繁に繰り返されるという点に注目する必要がある。

　学校環境は，家庭環境に次いで子どもの発達や健康に影響を及ぼす可能性があるきわめて重要な社会的文脈である。その環境が，個人の発達を支え，促進させるような心の居場所になるのか，それとも，逆にストレスフルで発達や健康を阻害させる環境になるのかは，それを経験する個人の内的要因以上にさまざまな外的要因に依存していると考えられる。

　近年，文部科学省をはじめとした教育関係者は，「小1問題」，「中1ギャップ」，「高1クライシス」という言葉を用いて，それぞれの学校段階の1年生が学校移行によって直面する困難な課題や状況を表現することが多くなっている。小学校から中学校への環境変化の具体的な側面としては，学校規模が大きくなり学年の人数が増えること，教科担任制により複数の教員から授業を受けるようになること，学習の量と難易度が増すこと，定期テスト，高校受験のための内申点制度，部活動のウェイトが増すこと，制服，校則による行動規制の増大などが挙げられる。シモンズとブリス（Simmons & Blyth, 1987）は，ドイツの社会学者であるテンニース（Tönnies, F.）の言葉を借りながら，中等教育への移行はゲマインシャフトからゲゼルシャフトへの移行であると表現している。小学校のクラス担任が大半の授業時間を担当し，クラスの児童と関われる時間が多いのに対して，中学校，高等学校，大学へと移行するにつれて，学校組織の構造は大きく複雑になり，教師－生徒・学生関係も親密さが希薄になる可能性がある。日高・谷口（2010）は，中学1年生への調査から「中1ギャップ」には，「勉強・学習に対するつまずき」，「先輩に対する恐怖心」，「人間関係への戸惑い」，「学校生活倦怠感」，「新しい友人関係の獲得困難」の5つの側面があると報告している。

　高等学校と大学への移行はともに受験を伴うため，進路決定と受験勉強のストレス，不本意入学という問題を生じさせる可能性がある。高等学校への移行は義務教育ではない段階への移行という意味をもつ。しかし，日本の高等学校への進学率は98％に到達しておりほとんどが進学するため，進学しない子どもはマイノリティになってしまう。また，進学後は，学年制の場合，遅刻や欠席が多くなり規定の欠課時数を超えた場合には進級ができず，留年や休学，あるいは中退，転校という状況も生じることになる。こういった状況は中学校までにはないことである。

　高等学校は，全日制普通科以外の職業科，総合学科，サポート校，定時制・通信制高校など多様化が進んではいるが，いまだにさまざまな個性をもった青年に適した学校環境が十分に整っているとは言いがたい。特に学力不足や中学校までに学校不適応を経験している青年，発達障害のある青年など，青年個々人にあった配慮と支援をする体制は十分ではない。小野・保坂（2012）は，高校生世代は特に心理的危機を経験しやすい時期であるため，思春期の発達支援という観点から高校教育を改革する必要性を唱えている。そして，日本では「自立支援」という言葉をよく用いるが，自立を支援するというよりもむしろ，自立に向かうプロセスあるいは大人への移行を支援しているのであり，「移行支援」と呼ぶのが相応しいと主張している。

　以上に述べてきたように，学校移行は個人の生活環境を非連続にさせ，短期間で人間関係のネットワークを再構築させることになる。新たな環境への適応という課題に対処することは，

多大な心理的エネルギーを費やすことになるだろう。また，筆者は思春期，青年期への移行を，どんどん急勾配になる坂道や険しい山道を登っていくようなイメージでたとえることがあるが，基礎として必要十分な心の力と手助けがなければ，歩き続けることに挫折してしまうようなことも起こり得るのである。

　しかし，学校移行の経験が個人にとってのリスク要因になるかどうかには個人差があると考えられている。シモンズとブリス（Simmons & Blyth, 1987）は，心身の発達的変化や学校移行において経験する辛い体験が，一時期に重なった場合に累積効果を生じさせて，適応上の困難を引き起こすと考え，それを焦点変化仮説（the focal change hypothesis）と呼んでいる。

　また，逆に学校移行がポジティブな影響を及ぼす可能性も示唆されている。たとえば，都筑（2008）は，小学校から中学校への学校移行と時間的展望について縦断的調査を行い，小学校で不適応的であった子どもが中学校入学後に，将来への希望や将来目標の渇望が増大するようになるケースも見られることを示し，新しい環境に移行することでより適応的になる可能性を示している。そして，飯村と宅（Iimura & Taku, 2018）もストレス関連成長（stress related growth）と外傷後成長（posttraumatic growth）を重視する観点から，高校進学後の適応過程が青年の心理的成長にポジティブな影響を及ぼす側面があることを示している。

　　2）学校生活の終わり：職業生活への移行　　　学校移行の最後は，学校生活を終えることであり，それは青年期の終わりを意味する。ただし，学校から社会への移行の時期には個人差が大きく，中学校や高等学校，専修学校を卒業した後に就労する者，大学卒業や大学院修了後に就労する者，あるいは学校を中退する者などいろいろである。また，就労に関してもさまざまな形態が存在する。

　近年，高等教育機関においては，この大学から仕事への移行のテーマについて大きな関心がもたれるようになっている（溝上・松下，2014）。また，就職支援は大学にとっての重要なミッションになっている。就職活動はそれまでの高校や大学への進路選択とはまったく異なる経験であるため，そこで初めての挫折を経験する学生も決して少なくない。石黒（2016）は，希望通りでない就職が決定した人を対象にして，面接調査を行っているが，就職活動から決定に至るまでの間には，理想の将来像を修正し再構築しているプロセスがあることを明らかにしている。また，石黒（2017）は同様の面接調査により，希望通りでない就職をした後にその仕事に納得するまでの間に，一時的な仕事への没入から膠着状態，将来展望の再構築という主観的プロセスを経ること示した。これらの心理的プロセスは青年の直面した発達課題への対処行動であると考えられる。

（2）学校環境への適応

　　1）個人と学校環境との適合性　　　ラーナー（Lerner, 1985）は，子どもと親や家族，学校，地域や社会，文化などといった複雑な関係性のネットワークとの力動的な相互作用の経験と，その発達への影響を重視する「発達的文脈主義（developmental contextualism）」を唱えている。そして，ラーナーは特に人と環境との力動的な相互作用においては，「適合の良さ（goodness of fit）」が重要であると説いている。

　大久保（2010）は，このラーナーの提唱した「適合の良さ」の概念をさらに発展させ，青年と学校環境の適合の良さが学校適応に及ぼす影響について検証している。大久保は，中学生か

ら大学生までの青年に質問紙調査を実施し，デシとライアン（Deci & Ryan, 2002）の自己決定理論で提唱されている 3 つの心理的欲求（関係性，自律性，コンピテンス）について，学校環境における子どもの個人的な欲求の程度と学校環境からの要請の程度の一致度を測定した。その結果，個人の欲求と環境からの要請の不一致が青年の学校不適応と有意に関連していることを明らかにした。

　また，エックルスら（Eccles et al., 1993）は，個人差を想定した個人の特徴と学校環境との適合性ではなく，青年期の発達段階としての特徴と学校環境の特徴との適合を問題にしている。たとえば，小学校に比べて中学校では，成績重視の学習上の要求や期待が高まり，また，校則など生徒の行動規制への動きも目立つようになる。しかし，生徒の認知的，社会的発達の要求は，自律的行動への要求や，発達しつつある高次の思考力と課題解決能力を発揮したいというものであり，教育プログラムと生徒の内発的な要求の間にずれが生じる可能性がある。エックルスらは，このようなずれは，発達的なミスマッチであり生徒に心理的葛藤を生じさせることになると述べている。そして，「発達段階 − 環境適合（stage-enviornment fit）」という概念を提唱し，教室，学校，学区，コミュニティといったさまざまな生態学的レベルにおいて，この適合性を重視する必要があることを指摘している（Eccles & Roeser, 2011）。

　2）過剰適応　　適応に関しては過剰適応の概念についてもふれておく必要がある。日本ではこれまでに過剰適応に関する研究が盛んに行われてきたと言える（風間・平石，2018）。過剰適応は一見すると適応的に見え，不適応とはみなされない可能性がある。しかし，風間・平石（2018）が示しているように，過剰適応状態には他者志向性と自己抑制の 2 側面があり，他者に合わせて極端に自己抑制を続けると心のバランスが崩れ内的不適応に陥り，最終的には不登校など外的な適応も困難になる可能性もある。そのため，過剰適応は不適応を引き起こすリスクのある状態であると考えられる。また，風間らは，従来，過剰適応は個人のパーソナリティの特徴として理解されていたが，親子関係や友人関係，教師 − 生徒関係など関係性の文脈間で異なる様相を示す場合もあることを明らかにした。学校現場では，親や教師に気づかれない状態で，突然，不適応状態に陥ってしまうケースがしばしば見受けられる。そのため，子どもが経験しているそれぞれの関係性の文脈において，子どもがどのような状態にあるか，リスクの高い過剰適応状態にある関係性はないかを注意深く見ておく必要がある。

（3）学校と家庭の社会的文脈間の相互作用

　最後に家庭と学校という異なる環境が相互にどのように影響し合うのかについて話題にしたい。先に述べたように学校環境は子どもたちに対してさまざまな行動上の期待や要求を規範として示しているが，家庭という集団生活においても，親やその他の家族成員からの期待や要求に基づくライフスタイルが形成されている。

　個人の要求が集団内で期待・要求されている行動様式と適合しているかどうかも重要なポイントであるが，家庭と学校という社会的文脈間で求められている行動様式が一致しているかどうかも重要である。もし，両者において不一致や不適合がある場合には，その 2 つの社会的文脈の間を行き来する子どもたちは，その都度，行動様式を切り替える必要があり，時にはそれが心理的負担になる可能性もあるだろう。たとえば，家庭内では主体性や自律性が尊重され，自由に伸び伸びと暮らしている子どもが，管理の厳しい他律的な学校環境で生活する場合には，

その子どもはほかの子ども以上に学校でストレスを感じるかもしれない。

　また，近年，社会的文脈間のスピルオーバー効果（spillover effect）という概念が注目されている。スピルオーバー効果とは，ある社会的文脈の問題が別の社会的文脈の問題に影響を与えるということである。ティモンズとマーゴリン（Timmons & Margolin, 2015）は，両親と青年（平均15.4歳）を対象にして約2週間，毎日の親子関係におけるコンフリクト（意地悪な発言など）とネガティブな気分，学校での問題（悪い成績，宿題が終わらなかった，遅刻，欠席など）の関連を検討した。その結果，同時点での親子間コンフリクトと学校の問題は有意な相関関係にあるが，親子間コンフリクトと学校での問題はいずれも翌日，翌々日のほかの問題を数値は低いが有意に予測をしており，スピルオーバー効果があることが示された。また，学校の問題は翌日のネガティブな気分を媒介して親子間のコンフリクトに関連していることも明らかにされた。このように青年は家庭での問題を学校にもち込んだり，あるいは逆に学校の中で嫌なことがあったことを親子関係にもち込む可能性があるということに対して配慮が必要であろう。

●おわりに

　思春期，青年期は古くは，疾風怒濤の時期と呼ばれ，心理的問題や疾患を抱えやすい発達段階であるとする青年期危機説という考え方が主流であった。しかし，1960年代終わりより大規模な調査研究の知見から心理的問題を抱えている青年は少数派であるという事実が示され，それ以降は親子関係に関する研究を中心にして，多くの研究で青年期危機説に対する反証が行われてきた。また，青年の健康な側面の発達を重視する立場の理論にも関心が集まっている。しかし，教育，臨床の現場では，今なお，心の問題を抱えている子どもたちが大勢いるのは確かな事実であり，その子どもたちの直面している心の危機のメカニズムとその危機解決のための方略について，科学的に解明していく必要がある。

　青年理解において問題となるのは，過剰な一般化とステレオタイプな解釈である。たとえば，日本においては「第二反抗期」という言葉が一般の人々にも知れわたっている。そして，青年が親や教師などの大人に反発したり，諍いや対立する関係が生じた際に「ああ，この子は第二反抗期だな」と単純に決めつけたりする。しかし，親子間葛藤が生じるメカニズムは複雑である。たとえば，白井（2015）は親子関係における葛藤（conflict）には愛着をめぐる葛藤と自律をめぐる葛藤があるとし，両者を区別する必要性を唱えている。また，スメタナ（Smetana, 2011）の社会的領域理論に基づく親子間葛藤の説明は，個人の自由や裁量権，決定権に関する親子の認知的なずれに着目したものである。このほかにも親側の要因などさまざまなほかの外的要因が関与している可能性がある。

　近年では，生物・心理・社会的要因の観点からアセスメントをするという姿勢が望まれている。個人内要因と個人を取り巻く環境との相互作用に関与しているさまざまな要因を丁寧に確認し，そのケース特有の様相を理解する必要がある。また，思春期，青年期の子どもを理解するうえで特に注意したいのは，児童期までに形成されている発達の基盤と新たに直面している思春期的，青年期的課題の相互作用である。そして，生育史上の過去の課題と現在，未来の課題をすべてつなげる視点が大切である。

引用文献

Arnett, J. J. (2000). Emerging adulthood. *American Psychologist, 55*, 469-480.

Bernstein, R. M. (1980). The development of the self-system during adolescence. *Journal of Genetic Psychology, 136*, 231-245.

Berzonsky, M. D. (1989). Identity style: Conceptualization and measurement. *Journal of Adolescent Research, 4*, 268-282.

Blos, P. (1967). The second individuation process of adolescence. *The Psychoanalytic Study of the Child, 22*, 162-186.

Bowlby, J. (1969). *Attachment and loss,* Vol. 1: *Attachment.* London: Hogarth Press.

Bowlby, J. (1973). *Attachment and loss,* Vol. 2: *Separation: Anxiety and anger.* London: Hogarth Press.

Crocetti, E., Rubini, M., Luyckx, K., & Meeus, W. (2008). Identity formation in early and middle adolescents from various ethnic groups: From three-dimensions to five statuses. *Journal of Youth and Adolescence, 37*, 983-996.

Crocetti, E., Rubini, M., & Meeus, W. (2008). Capturing the dynamics of identity formation in various ethnic groups: Development and validation of a three-dimensional model. *Journal of Adolescence, 31*, 207-222.

Deci, E., & Ryan, R. M. (Eds.) (2002). *Handbook of self-determination research: Theoretical and applied issues.* Rochester, NY: University of Rochester Press.

Eccles, J. S., Midgley, C., Wigfield, A., Buchman, C. M., Reuman, D., Flanagan, C., & MacIver, D. (1993). Development during adolescence: The impact of stage-environment fit on young adolescents' experiences in schools and families. *American Psychologist, 48*, 90-101.

Eccles, J. S., & Roeser, R. W. (2011). Schools as developmental contexts during adolescence. *Journal of Research on Adolescence, 21*, 225-241.

遠藤利彦 (2015). 思春期発達の基盤としてのアタッチメント　長谷川寿一（監修）　笠井清登・藤井直敬・福田正人・長谷川眞理子（編）　思春期学 (pp.45-64)　東京大学出版会

Erikson, E. H. (1959). *Identiy and the life cycle.* Selected papers. In Psychological Iissues. Vol. 1. New York: International Universities Press.（小此木啓吾（訳）(1973). 自我同一性—アイデンティティとライフサイクル　誠信書房）

Goossens, L. (2006). The many faces of adolescent autonomy: Parent-adolescent conflict, behavioral decision-making, and emotional distancing. In S. Jackson & L. Goossens(Eds.), *Handbook of adolescent development*(pp.135-153). Hove, England: Psychology Press.

Grotevant, H. D., & Cooper, C. R. (1985). Patterns of interaction in family relationships and the development of identity exploration in adolescence. *Child Development, 56*, 415-428.

Harter, S. (1999). *The construction of the self: A developmental perspective.* New York: The Guilford Press.

畑野　快 (2019). 青年期のアイデンティティ　児童心理学の進歩, *58*, 125-155.

Hatano, K., Sugimura, K., Crocetti, E., & Meeus, W. H. J. (2020). Diverse-dynamic pathways in educational and interpersonal identity formation during adolescence: Longitudinal links with psychosocial functioning. *Child Development, 91*, 1203-1218.

Hermans, H. J. M., & Kempen, H. J. G. (1993). *The dialogical self.* San Diego, CA: Elsevier.（溝上慎一・水間玲子・森岡正芳（訳）(2006). 対話的自己—デカルト／ジェームズ／ミードを超えて　新曜社）

日高樹奈・谷口明子 (2010). 中1ギャップの構造と規定因—学級適応感との関連から—　山梨大学教育人間科学部紀要, *12*, 308-314.

平石賢二 (2007). 青年期の親子間コミュニケーション　ナカニシヤ出版

Iimura, S., & Taku, K. (2018). Positive developmental changes after transition to high school: Is retrospective growth correlated with measured changes in current status of personal growth? *Journal of Youth and Adolescence, 47*, 1192-1207.

池田幸恭 (2010). 青年期における親に対する感謝への抵抗感を規定する心理的要因の検討　青年心理学研究, *22*, 57-67.

石黒香苗 (2016). 希望通りでない就職決定までの将来像変容プロセスの質的検討—文系大学生における就職活動に着目して—　青年心理学研究, *28*, 1-15.

石黒香苗 (2017). 希望通りでない一般企業へ就職した大学新卒者の主観的体験プロセス：進路への納得に至るプロセスに着目して　産業・組織心理学研究, *31*, 55-67.

Jones, D. C., & Smolak, L. (2011). Body image during adolescence: A developmental perspective. In B. B. Brown & M. J. Prinstein (Eds.), *Encyclopedia of adolescence,* Vol. 1 (pp.77-86). SanDiego, CA: Academic Press.

上長　然 (2007). 思春期の身体発育のタイミングと抑うつ傾向　教育心理学研究, *55*, 370-381.

笠井清登 (2015). 総合人間科学としての思春期学　長谷川寿一（監修）笠井清登・藤井直敬・福田正人・長谷川眞理子（編）　思春期学 (pp.1-17)　東京大学出版会

川本哲也 (2015). 成人形成期のアイデンティティと複数の社会的関係性の関連：養育者・友人・恋人に対するアタッチメント・スタイルの違いに注目して　発達心理学研究, *26*, 210-222.

風間惇希・平石賢二（2018）．青年期前期における過剰適応の類型化に関する検討―関係特定性過剰適応尺度（OAS-RS）の開発を通して― 青年心理学研究, *30*, 1-23．

木谷智子・岡本祐子（2016）．自己概念の多面性と心理的well-beingの関連 青年心理学研究, *27*, 119-127．

木谷智子・岡本祐子（2018）．自己の多面性とアイデンティティの関連―多元的アイデンティティに注目して― 青年心理学研究, *29*, 91-105．

小池進介（2015）．脳の思春期発達 長谷川寿一（監修） 笠井清登・藤井直敬・福田正人・長谷川眞理子（編） 思春期学（pp.131-144） 東京大学出版会

Kroger, J., Martinussen, M., & Maricia, J.（2010）. Identity status change during adolescence and young adulthood: A meta-analysis. *Journal of Adoescence, 33*, 683-698.

Lerner, R. M.（1985）. Adolescent maturational changes and psychosocial development: A dynamic interactional perspective. *Journal of Youth and Adolescence, 21*, 53-96.

Luyckx, K., Schwartz, S. J., Berzonsky, M. D., Soenens, B., Vansteenkiste, M., Smits, I., & Goossens, L.（2008）. Capturing ruminative exploration: Extending the four dimensional model of identity formation in late adolescence. *Journal of Research in Personality, 42*, 58-82.

Marcia, J. E.（1966）. Development and validation of ego-identity status. *Journal of Personality and Social Psychology, 3*, 551-558.

溝上慎一（編）（2001）．大学生の自己と生き方―大学生固有の意味世界に迫る大学生心理学 ナカニシヤ出版

溝上慎一・松下佳代（編）（2014）．高校・大学から仕事へのトランジション―変容する能力・アイデンティティと教育 ナカニシヤ出版

溝上慎一・中間玲子・畑野 快（2016）．青年期における自己形成活動が時間的展望を介してアイデンティティ形成へ及ぼす影響 発達心理学研究, *27*, 148-157．

西田若葉・杉村和美（2016）．大学生におけるアイデンティティ・スタイルの特徴およびwell-beingとの関連 青年心理学研究, *28*, 17-27．

大野 久（1984）．現代青年の充実感に関する一研究―現代日本青年の心情モデルについての検討 教育心理学研究, *32*, 100-109．

岡本祐子（1999）．女性の生涯発達に関する研究の展望と課題 岡本祐子（編） 女性の生涯発達とアイデンティティ―個としての発達・かかわりの中での成熟（pp.1-30） 北大路書房

小野善郎・保坂 亨（編）（2012）．移行期としての高校教育―思春期の発達支援からみた高校教育改革への提言 福村出版

大久保智生（2010）．青年の学校適応に関する研究―関係論的アプローチによる検討 ナカニシヤ出版

Piaget, J.（1964）. *Six études de psychologie.* Geneve: Gonthier.（滝沢武久（訳）（1968）．思考の心理学―発達心理学の6研究 みすず書房）

Rosenberg, M.（1986）. Self-concept from middle childhood through adolescence. In J. Suls & A. G. Greenwald（Eds.）, *Psychological perspective on the self.* Vol. 3（pp.107-136）. Hillsdale, NJ: Lawrence Erlbaum Associates.

齊藤誠一（2014）．身体的発達 日本青年心理学会（企画） 後藤宗理・二宮克美・高木秀明・大野 久・白井利明・平石賢二・佐藤有耕・若松養亮（編） 新・青年心理学ハンドブック（pp.138-148） 福村出版

Selman, R. L.（2003）. *The promotion of social awareness: Powerful lessons from the partnership of developmental theory and classroom practice.* New York: Russell Sage Foundation.

Selman, R. L., & Schultz, L. H.（1990）. *Making a friend in youth: Developmental theory and pair therapy.* Chicago, IL: University of Chicago Press.（大西文行（監訳）（1996）．ペア・セラピィ：どうしたらよい友だち関係がつくれるか Ⅰ巻 北大路書房）

Selman, R. L., Watts, C. L., & Schultz, L. H.（Eds.）（1997）. *Fostering friendship: Pair therapy for treatment and prevention.* New York: Adline de Gruyter.

白井利明（2015）．青年期のコンフリクトを親子はどのように体験するか―前方視的再構成法を使って― 青年心理学研究, *27*, 5-22．

Simmons, R. G., & Blyth, D. A.（1987）. *Moving into adolescence: The impact of pubertal change and school context.* New York: Adline.

Smetana, J. G.（2011）. *Adolescents, families, and social development: How teens construct their worlds.* Wiley-Blackwell.

Soenens, B., Vansteenkiste, M., & Van Petergem, S.（Eds.）（2018）. *Autonomy in adolescent development: Toward conceptual clarity.* London: Routledge.

宗田直子・岡本祐子（2005）．アイデンティティの発達をとらえる際の「個」と「関係性」の概念の検討―「個」尺度と「関係性」尺度作成の試み― 青年心理学研究, *17*, 27-42．

宗田直子・岡本祐子（2013）．アイデンティティにおける「個」と「関係性」をとらえる尺度作成とその短縮版の検討 青年心理学研究, *25*, 13-27．

Sroufe, L. A.（2016）. The place of attachment in development. In J. Cassidy & P. R. Shaver（Eds.）, *Handbook of attachment: Theory, research, and clinical applications*（pp.997-1011）. New York: The Guilford Press.

Sroufe, L. A., Egeland, B., Carlson, E. A., & Collins, W. A. (2005). *The development of the person: The Minnesota study of risk and adaptation from birth to adulthood*. New York: The Guilford Press.

Steinberg, L., & Silverberg, S. B. (1986). The vicissitudes of autonomy in early adolescence. *Child Development, 57*, 841-851.

杉村和美 (2005).　女子青年のアイデンティティ探求—関係性の観点から見た2年間の縦断研究　風間書房

Timmons, A. C., & Margolin, G. (2015). Family conflict, mood, and adolescents' daily school problems: Moderating roles of internalizing and externalizing symptoms. *Child Development, 86*, 241-258.

都筑　学 (2008).　小学校から中学校への学校移行と時間的展望—縦断的調査にもとづく検討　ナカニシヤ出版

渡邉賢二・平石賢二・谷　伊織 (2020).　児童期後期から青年期前期の子どもと母親が認知する養育スキルと母子相互信頼感，子どもの心理的適応との関連：母子ペアデータによる検討　発達心理学研究, *31*，1-11.

渡辺弥生 (編) (2001).　VLFによる思いやり育成プログラム　図書文化

Zimmerman, M., Copeland, L., Shope, J., & Dielman, T. (1997). A longitudinal study of self-esteem: Implications for adolescent development. *Journal of Youth and Adolescence, 26*, 117-142.

10

エイジングの心理学
（成人期・老年期心理学）

西田裕紀子

　日本は，世界的にも先例のない長寿社会を迎えている。個人にとっては延伸した人生をいかによく生きるかということが生涯を通じた重要なテーマであり，社会全体にとっては，各々が人生を通じて質の高い生き方を選択することができる仕組みを構築することが喫緊の課題となっている。そして，身体的・生理的な諸機能の低下を経験する人生後半期にこそ，心のありようはよりよいエイジングの中心的な要素として重要な意味をもつ。

　本章では，まず，現在の日本の高齢化の現状を確認する。そして，成人期から高齢期にかけての心身機能の変化と心理的発達について概観する。さらに，この時期に直面し得る心理的な課題について取り上げ，よりよいエイジングのための心のありようについて考察する。なお，「エイジング」は加齢を表す言葉であるが，特に，生涯にわたるポジティブ，ネガティブな過程を包括的にとらえる概念である。本章では，加齢の過程で衰退する機能のみならず，年を重ねてなお，成熟する側面に着目することから，章のタイトルや総合的な議論では，加齢をエイジングと表現した。

◉日本の高齢化の現状

　日本人の平均寿命の推移と将来的な推計を図10-1に示す。1950年，日本人の平均寿命は男性58.0歳，女性61.5歳であった。一方，約70年後の2019年には，過去最高の男性80.2歳，女性86.6歳を記録している。さらに将来推計を追っていくと，人生90年の時代が見えてくる。人生90年の時代の人生設計は，人生60年の時代とは大きく異なる。仕事からの引退や子どもの自立後の30年をどのように生きていくか。それぞれの個人が，長い人生を展望しながら，人生を主体的に設計していかなければならない時代を迎えている。

　社会全体に目を移してみよう。現在，日本は4人に1人が65歳以上という超高齢社会を迎えており，2035年には3人に1人が65歳以上の高齢者となる社会が到来する。人口が減少するにもかかわらず，高齢者の割合が多くなっていく社会をどのように構築していくか。国としては，若年の人口が多い時代に作り上げられた社会システムの見直しが急務となっている。このような日本の高齢化率は，今後，諸外国の中でもトップレベルで推移すると予想されており（図10-2），日本の長寿社会のありかたは，世界的にも注目されていると言える。

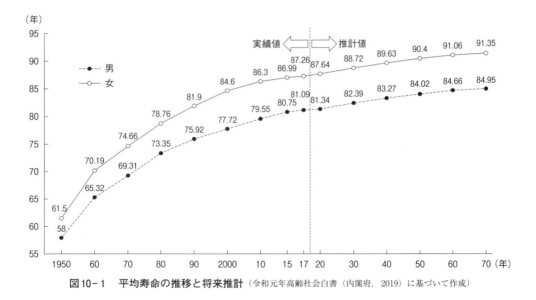

図10-1　平均寿命の推移と将来推計（令和元年高齢社会白書（内閣府, 2019）に基づいて作成）

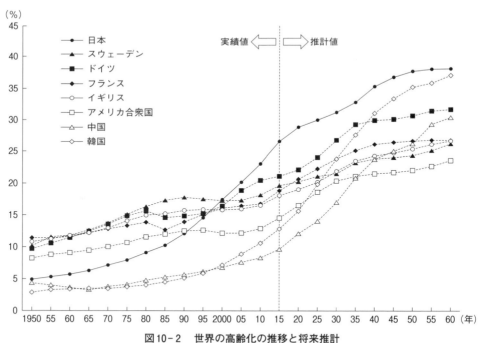

図10-2　世界の高齢化の推移と将来推計

注：高齢化率（65歳以上の人口割合）を示す。（日本は, 令和元年版高齢社会白書（内閣府, 2019）, 諸外国は, World Population Prospects: The 2017 Revisison（Unaited Nation, 2017）に基づいて作成）

◉成人期から高齢期にかけての心身機能の変化

　長い人生をいかによく生きるかを展望する際には，加齢に伴う心身機能の変化を理解することが重要である。以下ではまず，成人期から高齢期にかけてわれわれが経験する，身体的・生理的機能および知能の変化を概観する。

（1）身体的・生理的機能の変化

　加齢に伴い，一般的に身体的・生理的機能は低下していく。いくつかのデータを見てみよう。図10-3は，40歳以上の成人および高齢者における握力の加齢変化を示す（Kozakai et al., 2020）。握力は，全身の筋肉量を反映することから活力のバロメーターとも言われる重要な身体的指標であるが，加齢に伴って男女ともに直線的に低下していくことがわかる。また，図10-4は，20歳以上の成人および高齢者における脳の灰白質の容積の加齢変化を示している（Taki et al., 2011）。脳の灰白質はニューロン（神経細胞）の代謝や情報処理の中心となる神経領域であるが，その容積はやはり加齢に伴い顕著に減少している。その他，水晶体の障害により視力が低下したり（いわゆる老眼），高音域の音が聞こえづらくなることも，ほぼすべての人が経験する加齢現象と言える。このような加齢のメカニズムを説明する理論としては，生物のDNAには種の進化のために老化の遺伝子が組み込まれていると仮定するプログラム説や，DNAの複製時に利用されるテロメア（染色体末端を保護する役割を果たす構造）が頻回の細胞分裂に伴って短縮し，DNAが複製できなくなることにより加齢現象が生じると説明する消耗説などがある。

　ただし，平均的には加齢に伴い低下する身体的・生理的機能にも，その変化の仕方に重要な個人差があることに着目したい。たとえば，高齢になっても握力の低下が緩やかな場合と顕著な場合があり，握力を高く維持するためには，負荷が少し強めの運動やタンパク質とビタミンDを含む食習慣などのライフスタイルが重要であると報告されている。同様に，図10-4を見ると，脳の灰白質容積は加齢の影響を受ける傾向があるものの，同じ年齢でも異なった値や変化を示す者がいることがわかる。さらに，脳の機能的な側面を検討した研究（Greenwood, 2007）では，高齢者が記憶をする際に，若年者では活動しない脳の部位が活動することが示されており，脳にも可塑性があることが明らかにされている。

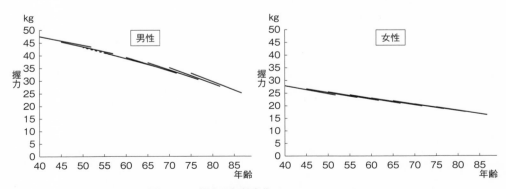

図10-3　握力の加齢変化（Kozakai et al., 2020）

注：12年間の縦断データ（2年間隔，最大7回の調査）による。
　　線形混合モデルを用いて，5歳刻みの年齢における平均的な変化を推計している。

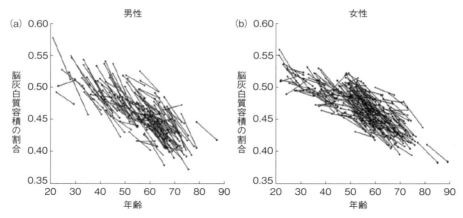

図10-4　脳灰白質容積の変化（Taki et al., 2011）

注：縦軸は全脳容積に対する灰白質の割合を示す。
　　同一個人の2回の縦断データ（8年間隔）を直線で結んでいる。

（2）知能の変化

　われわれは，大小さまざまな問題を処理しながら生活している。たとえば，買い物をする。食事を作る。ATMを使って出金する。車を運転する。病院を受診する。部下を指導する。子どもたちの安全を守る。知能は，生涯にわたりこのような日常の行動を支える重要な心の機能である。図10-5に，1950年代からアメリカで行われている「シアトル縦断研究」のデータを示す（Schaie, 2013）。シャイエ（Schaie, K. W.）の研究チームは，真の加齢変化を明らかにするために，縦断研究（同一の個人を繰り返し検査）と横断研究（複数の出生年の人々を検査）を組み合わせた研究デザインを用い，成人期から高齢期にかけての知能の加齢変化を推定した。その結果，空間認知，知覚測度，言語性記憶などの得点は60歳ごろまで，言語理解の得点は80歳ごろまで高く維持されることを報告している（図10-4に示した脳の灰白質容積の減少を考えると，脳の老化と知能の低下が必ずしも連動していないことは興味深い）。さらに，知能

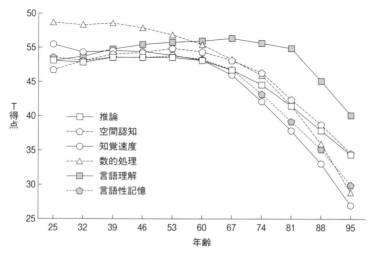

図10-5　知能の加齢変化（Schaie, 2013をもとに作成）

の加齢変化には大きな個人差があり，認知機能を高く維持するためには，①心臓病や他の慢性疾患を患っていないこと，②よい環境にすむこと（よい栄養状態を保つことができるなど），③複雑で知的刺激の多い環境にあること，④中年の時に柔軟な生き方をしていること，⑤知的能力の高い配偶者と暮らすこと，⑥脳の情報処理の速さを維持すること，⑦中年の時に自分の人生に満足すること，が効果的であると指摘されている。

◉成人期から高齢期にかけての心理的な発達

　このように，われわれは加齢に伴いさまざまな心身の変化に直面する。歳を重ねることは，これらの変化に気づき，少しずつ受け入れながら適応し，発達，成長していく過程ともとらえられる。成人期から高齢期にかけての心理的発達に関する理論をいくつか概観してみよう。

(1) レヴィンソンの人生の四季

　レヴィンソン（Levinson, 1978）は，成人男性数十名の自分史を整理し，人生を四季にたとえる理論を提唱した（図10-6）。春を誕生から青年期，夏を成人前期，秋を成人後期，冬を高齢期とし，夏から秋にあたる成人期には，生活パターンが安定している時期と変化する時期が交互に存在し，それらの橋渡しをする重要な過渡期があるという。レヴィンソンは特に，40代前半に経験する「人生半ばの過渡期」を人生における最も重要な転換期であると考え，「若さの喪失と老いの自覚」「死への対峙と残された生への渇望」などの基本的な対立を調節し，統合していくことが課題であると考えた。なお，その後，レヴィンソン（Levinson, 1996）は女性を対象とした面接調査を行い，女性にも男性と同じような心理的発達が見られること，ただし女性は結婚や出産によって生活パターンが変わりやすいために，より多くの過渡期を経験する可能性があることを指摘している。

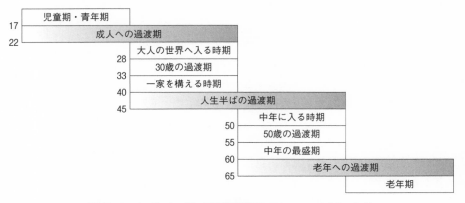

図10-6　レヴィンソンの発達段階（Levinson, 1978をもとに作成）

(2) エリクソンの生涯発達論

　発達心理学者で精神分析家でもあるエリクソン（Erikson, 1950）は，人の心は生涯を通じて発達，成長していくという展望を示し，「人間の8つの発達段階」を提唱した。乳幼児期から高齢期までの8つのライフステージにはそれぞれの時期に最も顕著となる心理的な葛藤があり，人は生涯にわたってそれらの葛藤を克服していく中で，人間的な強さ（徳）を獲得していく。

　成人期の前の段階である青年期には自分の生き方を模索し，アイデンティティを確立する（心理的葛藤：アイデンティティvsアイデンティティ拡散，人間的な強さ：誠実）。成人期の初期には，相互にアイデンティティを確立した他者との親密な関係を築くことにより，親密性を獲得する（心理的葛藤：親密性vs孤独，人間的な強さ：愛）。その後，親密性の形成過程から得た人間的な強さを基盤として，次世代を育み，次世代に残すものを作り上げようとする世代性を発達させる（心理的葛藤：世代性vs自己陶酔，人間的な強さ：ケア）。そして高齢期には，自分のこれまでの人生を振り返り，意味づけ，未解決の問題を処理し，人生を統合していく（心理的葛藤：統合vs絶望，人間的な強さ：英知）。重要なことに，これらの発達段階における課題は，各々が次の課題の先行要因として位置づけられるというよりは，質的に変化しながら重なり合い，発達の連続線上に存在するという。たとえば，エリクソンとエリクソン（Erikson & Erikson, 1997）は，高齢期は成人期とは異なる世代継承性を獲得するチャンスの時期であると述べている。すなわち，高齢者は祖父母の立場から子どもや孫をケアする祖父母的世代継承性を発揮したり，過去の自身の世代継承性に関するエピソードを再解釈したりする。それにより，「私はいなくなるが，私の子どもたちは生き続ける」「私の物語は終わる，しかし，他の人の物語が私の物語に続いていく」といった不死の感覚を得る。そして，そのことが，高齢期の発達課題である統合性の獲得（これまで生きてきたたった1つの人生をよい人生だったと納得して受け入れること）そのものに関わるのである。

◉成人期から高齢期にかけての心理的な課題

　成人期から高齢期にかけての発達と関連するいくつかの具体的な課題をみてみよう。

(1) ライフスタイルの選択

　現在の日本では成人になってからの過ごし方が非常に多様である。すなわち，仕事をするかしないか，結婚するかしないか，子どもをもつかもたないか，結婚や出産後も仕事を続けるかどうか，社会活動に参加するかどうか，いつ職業から引退するかなどについて，人生のさまざまなタイミングで選択する必要がある。このように，多様な選択肢があることは魅力的であるが，一方，誰しもが「あの時あの道を選んでいたら」「私の人生はこれでいいのだろうか」などと自問自答を迫られる可能性があり，現代の新しい心理的な危機を生み出していると言えよう。先述したエリクソンの生涯発達論では，青年期の心理的葛藤としてアイデンティティvsアイデンティティ拡散が提唱されているが，「自分とは何者か」「自分らしい生き方とは何か」という問いに直面し，アイデンティティを再体制化することは，成人期から高齢期にかけても重要な課題となっている。

図10-7　人生半ばの危機（岡本，2007）

（2）人生半ばの危機

　孔子は論語の中で，「三十にして立つ，四十にして惑わず」と述べた。しかしながら，現在，人生半ばの時期である40代は心理的にも身体的にも危機を経験しやすい時期である。図10-7は，40代に体験しやすい変化と，そこから生じやすい心理臨床的な問題をまとめたものである。岡本（2007）は，これらの心身の危機は，性別，職業の有無や職種にかかわらず，多くの成人が経験すると指摘している。

　人生半ばの危機の中核的な問題となるのは心理的な変化であり，自己の有限性の自覚である。人生の折り返しの時期となり，死という人生の終末への思索が深くなる。そして，自分の体力や能力，働くことができる時間，家族と一緒に過ごすことができる時間が無限ではないことを実感するようになる。生物学的な変化としては，身体的機能の加齢現象から体力の衰えを感じるようになり，老いを自覚する。家族関係においては，子どもとの関係や夫婦関係を再構築するとともに，親の介護のためにさまざまな調整が求められることもある。職業者としては，仕事上の限界を認識することから，心身の障害を経験することもある。先述したように，レヴィンソンは40代の前半を「人生半ばの過渡期」として，人生における最も重要な転換期であると考えた。その背景には，図10-7に示したような複数の側面における危機が存在していると考えられる。しかしながら，成人期の発達にとって重要なことは，このような人生半ばの危機を経験することが，それまでの人生について考え，将来への生き方への模索を行い，あらためてその後の人生設計を行う大きな契機となることである。

（3）職業からの引退

　定年退職などの職業からの引退は，成人期から高齢期への移行に関わる重要なライフイベント（人生上の出来事）である。継続して仕事をしてきた成人にとって，職業からの引退は，仕

事という日々の活動，職場，収入，肩書きなど，さまざまなものを喪失することを意味する。退職後に不規則な生活になることは心身の健康を阻害する原因になるため，引退に伴う最初の課題は，食事や睡眠などの基本的な生活のリズムの再構築である。また，仕事中心の生活をしてきた成人にとっては，仕事という生きがいの喪失や対人関係の縮小にどのように適応していくかが大きな課題となる。

　一方，職業からの引退は，ライフイベントの中でも比較的，予測可能な経験である（Neugarten, 1979）。創造的な老いを考察する日野原（2002）は，職業からの引退を「何かを創める引退」と表現した。また，秋山（2013）は，現代は「人生二毛作時代」として，1つのキャリアを終えて60歳代から新しいことを始める人生設計の重要性を述べている。職業からの引退を他の役割への移行として考え，自分の人生にその経験を位置づけながら，退職後の人生を考えることが重要である。

(4) 高齢期の心の健康

　先述のとおり，高齢期は身体的・生理的な機能が低下したり，社会的な役割を喪失しやすい時期であり，心の健康の諸側面に目を向けることがより重要となる。

　高齢期の代表的な心の問題は，抑うつ的な気分を引き起こすうつ病と認知機能を冒す認知症である。うつ病では，気持ちがふさいでやる気が起こらないという気分の障害，頭痛，疲労，不眠などの症状が生じる。特に高齢者では，生きがいや興味の消失，漠然とした不安感，注意や集中力の低下を伴う場合が多い。高齢期のうつ病には，身体疾患が関わっていることが多く，うつ病そのものが身体疾患の経過や予後に重要な影響を及ぼすことも知られている。また，親しい人の死別や社会的役割の喪失など，何らかの喪失経験を伴うライフイベントがきっかけとなって起こることも多い。しかしながら，これらのことを経験してもなお，心理的な健康を保つことのできる高齢者も多い。高橋（2009）は，高齢期のうつ病を予防するためには成人期から①多様性のある生き方をする，②孤立しない人間関係とともに自分だけの時間を大切にする，③あいまいさに耐える能力を身につける，④必要な援助を他者に依頼する態度をもつ，⑤過去にこだわる態度から「いま，ここで」の発想への転換をできるようにする，などが重要であるとしている。

　一方，認知症とは，脳の器質的疾患によって，いったん正常に発達した認知機能が低下し，日常生活に支障をきたした状態のことである。認知症を引き起こす疾患には，アルツハイマー病，脳血管障害，レビー小体病などがあり，認知症に占める割合が最も大きいのはアルツハイマー病である。認知症になると，料理や買い物，薬の管理などの手段的なADL（日常生活活動）から低下し，進行すると，食事や入浴などの基本的なADLにも不都合が生じる。最近の認知症をめぐる動向として重要なことは，軽度認知障害への着目であろう（「精神疾患の診断・統計マニュアル第5版（DSM-5）」でも，軽度認知障害という診断名が新たに採用されている）。軽度認知障害とは，健常高齢者と認知症患者の中間にあたり軽度に認知機能が低下した状態であり，この段階で適切な介入や治療を受けることは，その後の認知機能低下の進行を抑制したり，遅らせたりすると考えられている。

　松下（2015）は，アルツハイマー型認知症で生じるアミロイドたんぱくの沈着などの病変は正常加齢の脳にも生じることから，認知症は脳の疾患というより脳の加齢が促進した状態としてとらえるべきであると指摘する。すなわち，高齢になれば誰もが認知症になる可能性があり，

認知症とともによりよく生きていくにはどうすればよいかという視点もまた，重要である。

◉よりよいエイジングに向けた心のありよう

　ここまで，加齢の過程で経験するさまざまな心身機能の低下や課題について概観した。われわれはこのような加齢の様相にどのように向き合っていくといいのだろうか。よりよいエイジングのための心のありようとして，「人生の目標をもつこと」「補償を伴う選択の最適化」「老年的超越」について述べる。

　ボイルら（Boyle et al., 2012）は，約250人の高齢者を対象として認知機能などを検査するとともに，その人たちの死後に脳を解剖する大規模な調査を行った。その結果から，高齢になっても「人生の目標をもっていた」人は，脳の中でアルツハイマー病の神経病理学的な兆候が進行していた場合でも，実際の生活の場面においては認知機能を高く維持できていたことを報告している（図10-8）。先述したように，一般的にどのような人でも，加齢に伴って，脳が萎縮したり，認知症の特徴であるアミロイドたんぱくの沈着が生じたりすることがわかっている。一方，年を重ねてもなお，何らかの目標を持ち続けて積極的な生き方をすることは，より強くて効率的な神経システムを作り上げていく。ボイルたちは，そのことが脳に生じる神経病理に対抗する要素になると考察している。「人生の目標をもつ」という心のありようが，脳の生理的な機能の低下を補うというこの結果は，身体的な加齢を自分自身でマネージメントすることの可能性を示唆するものとも考えられる。

　また，バルテス（Baltes, 1997）は，80歳を超えてなお，多くの観客を魅了したピアニストのルービンシュタインへのインタビューなどを通じて「補償を伴う選択の最適化（Selective Optimization with Compensation：SOC）」を提唱している。高齢になったルービンシュタインは，指の動きが不自由になり若いころのように演奏できなくなった状況でも，演奏する曲のレパートリーを減らし（選択），その少ないレパートリーの練習の機会を増やす（最適化）こと，

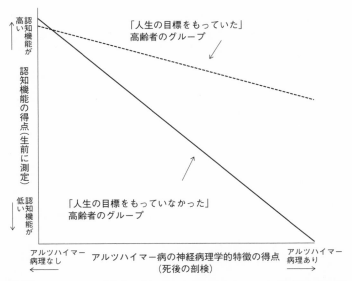

図10-8　人生の目標をもっていれば，アルツハイマー病の神経病理学的特徴があっても，認知機能は維持される
（Boyle et al., 2012をもとに作成）

若いときのように速く弾くことを目標とせず，曲全体のスピードを抑えて特定の部分のみを速く弾くことで美しい抑揚を演出する（補償）ことにより，円熟した演奏を行い高い評価を受けた。このように，若いころとは少し目標を変えて，低下していく機能を異なった方略で補償することは，それまでの豊かな人生経験があるからこそできることであり，加齢とともによりよく生きていくための重要な心のありようであろう。

　一方，老年的超越理論は，社会老年学者トルンスタム（Tornstam, L.）が提唱した高齢者の心の発達に関する理論である。トルンスタムは，高齢期には価値観や考え方に大きな変化が現れると指摘する。すなわち，若いころには，社会的地位が高いことや，自身の目標を達成することなどの生産的な側面に価値があると感じる傾向があるが，高齢になるとそのような価値観から脱却し，別の事柄やものに価値や幸せを見出すようになるという。老年的超越の特徴としては，社会と個人との関係，自己，宇宙的という3つの領域における変化が挙げられる。①社会と個人との関係の領域：社会や他者との表面的なつながりよりも，限られた人との深いつながりを重んじるようになる。また，社会的な価値観から脱却し，自分独自の考え方や価値観をもつようになる。②自己の領域：自らの意思や欲求を達成しようとする気持ちが薄れ，他者を重視する態度に変わる。また，身体の機能や容姿を維持することへのこだわりが少なくなる。③宇宙的領域：時間や空間に関する合理的，常識的なとらえ方が変化し，現在ここにいない人々，たとえば過去もしくは未来の人々や，遠くに離れた場所にいる人と強くつながっているという実感，さらに人類全体や宇宙との一体感をもつようになる。このような考え方は，高齢化に伴い急増している80歳代，90歳代といった超高齢者における新しい価値観の形成という点からも重要と考えられる。

●おわりに

　本章では，成人期から高齢期にかけてのエイジングの様相および，よりよいエイジングのための心のありようについて概観してきた。成人期のはじまりを（就職などにより社会的な役割を取得する可能性の高い）20代半ばごろとすると，現代を生きる多くの人々にとって，成人期以降の人生は生涯の3分の2以上を占めることとなる。また，乳幼児期から青年期にかけての心理的な発達には，親世代，祖父母世代，あるいは社会における大人との相互作用が大いに関わる。心のエイジングを理解することは，成人あるいは高齢者の心の問題を対象とする心理臨床のみならず，さまざまな発達段階や場面における心理的側面について考える際にも，また，われわれ自身の生き方を見つめ，将来を展望する際にも有用であろう。

引用文献

秋山弘子・祖父江逸郎（2013）．対談 生き生きとした心豊かな長寿社会の構築をめざして（第2回）人生"二毛作"時代の新しいまちづくり　エイジングアンドヘルス，*22*（1），6-11.

Baltes, P. B.（1997). On the incomplete architecture of human ontogeny: Selection, optimization, and compensation as foundation of developmental theory. *American Psychologist, 52,* 366-380.

Boyle, P. A., Buchman, A. S., Wilson, R. S., Yu, L., Schneider, J. A., & Bennett, D. A.（2012). Effect of purpose in life on the relation between Alzheimer disease pathologic changes on cognitive function in advanced age. *Archives of General Psychiatry, 69,* 499-504.

Erikson, E. H.（1950). *Childhood and society.* New York: Norton.（仁科弥生（訳）（1977）．幼児期と社会 1　みすず書房）

Erikson, E. H., & Erikson, J. M.（1997). *The life cycle completed.* New York: W. W. Norton.（朝長正徳・朝長梨枝子

（訳）（1990）．老年期―生き生きしたかかわりあい　みすず書房）

Greenwood, P. M.（2007）. Functional plasticity in cognitive aging: Review and hypothesis. *Neuropsychology, 21*, 657-673.

日野原重明（2002）．老いを創める　朝日新聞社

Kozakai, R., Nishita, Y., Otsuka, R., Ando, F., & Shimokata, H.（2020）. Age-related changes in physical fitness among community-living middle-aged and older Japanese: A 12-year Longitudinal Study. *Research Quarterly for Exercise and Sport, 91*, 662-675.

Levinson, D. J.（1978）. *The seasons of a man's life*. New York: Alfred A. Knopf.（南　博文（訳）（1992）．ライフサイクルの心理学　講談社）

Levinson, D. J.（1996）. *The seasons of a woman's life*. New York: Alfred A. Knopf.

松下正明（2015）．認知症とともに生きる　心と社会, *46*（3），4-6．

内閣府（2019）．令和元年版高齢社会白書　第1章　高齢化の現状

Neugarten, L.（1979）. Time, age, and the life cycle. *American Journal of Psychiatry, 136*, 887-894.

岡本祐子（2007）．アイデンティティ生涯発達論の展開　ミネルヴァ書房

Schaie, K. W.（2013）. *Developmental influences on adult intelligence: The Seattle Longitudinal Study*（2nd ed.）. New York: Oxford University Press.

高橋祥友（2009）．新訂 老年期うつ病　日本評論社

Taki, Y., Kinomura, S., Sato, K., Goto, R., Kawashima, R., & Fukuda, H.（2011）. A longitudinal study of gray matter volume decline with age and modifying factors. *Neurobiology of Aging, 32*, 907-915.

Tornstam, L.（2005）. *Gerotranscendence: A developmental theory of positive aging*. New York: Springer Publishing Company.（富澤公子・タカハシマサミ（訳）（2017）．老年的超越―歳を重ねる幸福感の世界―　晃洋書房）

United Nations（2017）. World Population Prospects: The 2017 Revision.

11

社会的存在としての人間（社会心理学）

五十嵐　祐

●はじめに

　複雑化する現代社会における心理臨床の実践に際し，個人を取り巻く社会環境が社会的判断や認知的な処理に影響を与えるプロセスを理解することは重要である。本章では，自己報告の信用性に対するいくつかの議論を取り上げたあと，ステレオタイプが社会的判断に及ぼす影響，情報のもっともらしさが生み出す誤ったイメージ，社会的なつながりに関する認知の不正確さとその帰結について，それぞれ実証的な知見を例に挙げて説明していく。

●自己報告は信用できるか

　日常場面や臨床場面において，われわれは自分自身や他者にさまざまな問いかけを行い，その回答をもとに心の内面を推測している。こうした自己報告（言語報告）式の回答は，質問紙法や面接法など多岐にわたる心理測定の基礎を構成している。ここでは，われわれが自分自身に関する情報に適切にアクセスし，その様態を言語的に報告することが可能であるという強い前提がおかれている。それでは実際のところ，われわれは自分自身のことをどの程度知っているのだろうか。

　ニスベットとウィルソン（Nisbett & Wilson, 1977）は，内観に基づく認知プロセスへの直接的なアクセスが人々にとってきわめて困難であり，自分の行動（選好や判断）の原因や理由を正確に認識できないことを指摘している。表11-1は，自己報告の不正確さに関連する7つの要因である。人々は，自身の行動に関する言語的な報告を行う際に，暗黙の因果推論を用いて，一見妥当に思えるような理由を見つけ出し，それがあたかも自分の内面を反映しているかのように考えてしまうのである。

　対象物に対する選好や判断が容易に変化し得ることは，実験室実験で実証されている。日本人大学生を対象とした実験（Yamada, 2009）では，参加者は同じ画家の具象絵画と抽象絵画を1枚ずつ鑑賞して，それぞれの絵画を好きな理由，もしくは嫌いな理由について説明したあと，自身がより好ましいと思う絵画を1枚だけ選択するよう求められた。その結果，好きな理由について説明した参加者は具象絵画をより選択しやすく，嫌いな理由について説明した参加者は具象絵画をより選択しにくかった。具象絵画については，好きな理由，嫌いな理由のいずれについても言語化が容易であるため，実験操作によって特定の側面に注意を向けさせることが，絵画に対する参加者の選好にバイアスをもたらしたと考えられる。

　こうした自己報告のバイアスの問題を克服するため，社会心理学の領域では潜在的な態度測

表11-1　自己報告の不正確さに影響を及ぼす要因 (Nisbett & Wilson, 1977 をもとに作成)

要因	説明
利用可能性	顕在的な刺激は想起されやすく，判断時に考慮されやすい
時間の経過	プロセスの生起から時間が経過していると，正確な報告が難しい
判断の仕組み	判断に影響を及ぼす要因（系列位置効果，対比効果など）を認識できていない
コンテキスト	状況要因は見過ごされやすい
起こらなかった出来事	起こらなかった出来事は見過ごされやすい
非言語的行動	非言語的手掛かり（姿勢や声色など）は言語的手掛かりよりも見過ごされやすい
原因と影響の程度の不一致	ささいな原因は深刻な影響をもたらさないといった思い込みをもちやすい

定のための手法が開発されている。代表的なものとして，グリーンワルドら（Greenwald et al., 1998）による潜在連合テスト（Implicit Association Test; IAT）が挙げられる。IATは，大まかには測定したい心理概念を反映している絵や単語を好きか嫌いかに分類するという課題であり，分類時の反応時間を分析することで，対象とする心理概念に対する潜在的な態度（好意度）を測定する。山口ら（Yamaguchi et al., 2007）は，日本（東京大学，大阪大学，信州大学），中国（華東師範大学，西北師範大学），アメリカ（ハーバード大学，ワシントン大学）の大学生を対象として，質問紙とIATでそれぞれ顕在的・潜在的自尊心を測定し，その程度を文化間で比較した。日本の大学生は，アメリカ・中国の大学生よりも顕在的自尊心が低かったのに対し，潜在的自尊心には文化差は見られず，いずれのサンプルでも総じて高い傾向にあった。これは，自尊心を表出することの社会的望ましさによる影響と考えられ，質問紙による自己報告が回答者の内面を適切に測定できていない可能性を示すものである。ただし，IATで測定される態度が何を意味するのかについては，未だ議論の余地が残されている点には留意する必要がある。

　認知プロセスには文化に固有のパターンも見られる。ニスベット（Nisbett, 2004）は，比較文化研究の知見に基づいて，西洋人は対象物（ここでは自己も対象物に含まれる）そのものの情報に注意を払いやすいのに対し，東洋人は対象物を取り囲む背景情報に注意を払いやすいことを指摘している。前者はギリシャ哲学に起源をもつ分析的思考，後者は儒教や仏教に起源をもつ包括的思考と呼ばれ，世界を理解するための認知的なフレームとしての意味をもつ。分析的思考のフレームでは，物事の共通性や類似性といった性質が認知されやすいのに対し，包括的思考のフレームでは，周囲の状況やコンテキストが重視され，関係性に基づく認知が行われやすい。これらのフレームは生得的・固定的なものではなく，人々がおかれている社会環境によって変化し得る。

　自己報告の内容を適切に解釈するには，内観に基づく回答に含まれるバイアスの存在を理解したうえで，社会文化的な要因について考慮することが重要である。さらに，自己報告以外の手法で測定される態度との関連も，併せて検討することが望まれる。

●先入観をもたない判断は可能か

　社会にはびこる差別や偏見をなくすためにも，先入観をもたずに他者の印象を判断することは重要である。しかし，これは現実にはそれほど簡単なことではない。われわれは，出身地（国），人種，性別，職業などに基づく固定化されたイメージをもとに，特定の他者に対する印象判断

を行ってしまいがちである。こうした直観に基づく対人認知は，ステレオタイプと呼ばれる。

　ステレオタイプを強化する要因の1つとして挙げられるのが，統計的差別である（Bielby & Baron, 1986）。企業における新入社員の性別を例に挙げよう。ある企業で，過去数年間に男性の新入社員のパフォーマンスが女性の新入社員に比べて高かった，という統計的な事実があるとする。こうした事実は，将来にわたって特定の新入社員のパフォーマンスを直接予測するわけではない。それにもかかわらず，統計的な事実に基づく「合理的な」判断によって，男性の新入社員は，女性の新入社員よりも優れているという期待を周囲からもたれるようになる。その結果，男性の新入社員は女性の新入社員よりも優れた処遇を得られるようになり，性別に基づく処遇格差はますます拡大してしまうのである。

　ステレオタイプは，人間のもつ「認知的倹約家」と「動機づけられた戦術家」という2つの性質に根ざしていると考えられる（Fiske & Taylor, 1991）。「認知的倹約家」としての人間は，一度に処理できる情報量の限界によって，認知的な負担の少ないステレオタイプ的な判断を優先する。こうした判断は自動的で無意識的に行われる。一方，「動機づけられた戦術家」としての人間は，常にステレオタイプを用いるわけではなく，状況に応じて情報処理の方略を意識的に変化させることもある。

　コレルら（Correll et al., 2002）は，アメリカの白人警察官による黒人射殺事件に着想を得て，ビデオゲームを模した実験を行った。警官役の参加者（白人大学生）は，実験室のスクリーンに「武器を持ったターゲット」が現れた時だけ，手にした銃を撃つか撃たないかを判断するよう求められた。ターゲットは白人か黒人のいずれか，ターゲットの持ち物は武器（銃）か武器以外（携帯電話，紙コップ）のいずれかであった。反応時間（判断に要した時間）をターゲットごとに分析した結果，参加者は，銃を持った黒人には銃を持った白人よりも素早く反応（撃つという判断）し，銃を持たない白人には銃を持たない黒人よりも素早く反応（撃たないという判断）していた。さらに，射撃ミスの割合を分析した結果，銃を持った黒人は銃を持った白人よりも撃たれやすく，銃を持たない白人は銃を持たない黒人よりも撃たれにくかった（図11-1）。これらのことは，「黒人は白人よりも危険な存在である」といった，アメリカ社会で広く共有されたステレオタイプが，黒人に対する攻撃行動を無意識的に誘発するとともに，白人に対する攻撃行動を意識的に抑制している可能性を示すものである。

　ステレオタイプは必ずしもネガティブな内容のみで構成されるわけではない。ステレオタイプ内容モデル（Fiske et al., 2002）では，ステレオタイプが既存の社会システムを正当化する機能をもつと主張する。このモデルでは，ステレオタイプが対人認知の基本次元である「能力」と「あたたかさ」の組み合わせで形成され，いずれか一方が高い場合には，温情的ステレオタイプ（専業主婦，高齢者，知的障害者→能力は低いがやさしい）あるいは嫉妬的ステレオタイプ（富裕層，キャリアウーマン，専門家→能力は高いがつめたい）が，いずれも低い場合には軽蔑的ステレオタイプ（貧困層，生活保護受給者，ホームレス→能力が低くつめたい）が生起すると考える。

　ステレオタイプの低減には，接触仮説（Allport, 1954）に基づいて，異なる集団の人物と直接的な接触を行い，共通の目標を追求することが有効だとの指摘がある。近年では，社会的認知の視点から，異なる集団の人物とのポジティブな相互作用の場面を想像することでステレオタイプを低減する仮想接触仮説（Crisp & Turner, 2012）が注目されている（池上，2014）。ステレオタイプの呪縛から逃れるのは決して容易なことではないが，われわれに求められてい

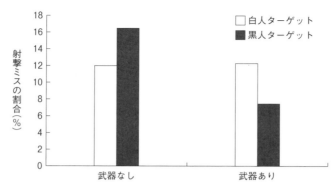

図11-1　黒人ターゲット・白人ターゲットに対する射撃ミスの割合
(Correll et al., 2002より作成; Study 2)

るのは，意識的な情報処理を通じて「個」としての他者を尊重する姿勢であろう。

◉もっともらしい情報は真実か

　近年の日本では，外国人犯罪が増加して治安が悪化しているといった言説がよく見られる。しかし，犯罪白書（法務省，2019）や警察庁のデータ（警察庁，2018）に基づくと，刑法犯全体の検挙人数に占める外国人刑法犯の割合は1割以下で，ここ数年はほとんど変化がない。一方，刑法犯全体の検挙人員も外国人刑法犯の検挙人員も，年を追うごとに減少し，逆に刑法犯の検挙率はやや増加している。なお，検挙率は検挙件数÷認知件数で算出され，検挙人員とは直接関連をもたない。この統計が示すのは，暴力よりも自己統制を重視する社会の価値基準の変革プロセスにおいて，犯人の国籍にかかわらず犯罪の減少が全体的なトレンドとして見られ（Pinker, 2011），そのうえで，警察の検挙力が保たれている（浜井，2013）という事実である。これらのことから，外国人と犯罪行為を結びつけるのは，統計に基づく合理的な判断とは言えない。

　こうした誤った関連づけに基づく認知的なバイアスは，錯誤相関と呼ばれ，本来は関連がないはずの2つの出来事の間に関連を見出してしまうことを意味する。錯誤相関は，マイノリティに対するステレオタイプの形成の基盤となる。ハミルトンとギフォード（Hamilton & Gifford, 1976）は，多数集団と少数集団を比較した場合，少数集団における少数派事例（望ましくない行動など）の発生頻度が，多数集団における同様の事例の発生頻度よりも過大に評価されることを明らかにしている。錯誤相関が生まれる理由としては，少数集団における少数派事例が二重の意味で特殊性（目立ちやすさ）をもつために想起されやすくなるという，利用可能性ヒューリスティックスの影響が考えられる。

　これに対して，フィードラー（Fiedler, 1991）は，記憶された情報の欠落に基づく回帰効果が錯誤相関を生み出すと指摘している。この研究では，表11-2に示す分割表をもとに，少数集団と多数集団の情報の欠落がどのように起こるかを説明した。この表では，いずれの集団でも望ましい行動と望ましくない行動の比率は9：4 （69％：31％）である。多数集団には十分なサイズのサンプルが含まれるため，比率の推定値は正確なものになりやすい。一方，サンプルサイズが小さい場合の少数派事例（セルD・少数集団における望ましくない行動）は，発生頻度が少ないために情報が欠落しやすい。結果として，少数集団の望ましい行動と望ましく

表11-2　集団サイズと行動の望ましさの生起頻度に関する分割表
（Fiedler, 1991 を改変）

	多数集団	少数集団
望ましい行動	セルA （*n*=18；69%）	セルC （*n*=9；69%）
望ましくない行動	セルB （*n*=8；31%）	セルD （*n*=4；31%）

注：セルDは欠落しやすい情報

　ない行動を想起する際には，後者の発生頻度についての推定が不正確になり，9：4に比べてより極端ではない比率（ここでは8：5（62%：38%），Fiedler, 1991, p. 26を参照）への回帰が起こりやすくなる。そのため，少数集団の少数派事例は，他の事例に比べて過大に評価されてしまうのである。

　臨床場面における錯誤相関の問題は古くから知られている。チャップマンとチャップマン（Chapman & Chapman, 1969）は，ロールシャッハテストにおける専門家（アメリカの臨床心理士）と非専門家（アメリカの大学生）の診断を比較した。この実験では，男性の同性愛傾向の診断が対象となった（アメリカでは，精神疾患の診断名から同性愛および性的志向に関する項目が除外されたのは，DSM-III-R（1987年版）以降である点に留意する必要がある）。まず，臨床心理士を対象として，男性の同性愛者に典型的に見られると思われるロールシャッハテストの回答傾向を尋ねたところ，インクブロットが肛門や女性服に見えるなどの5つの基準が挙げられた。その後，大学生を対象として，これらの基準とともに診断とは無関係な80の基準をあわせて提示し，男性の同性愛傾向との関連を尋ねたところ，臨床心理士が挙げた5つの基準が最もよく選択された。しかし実際には，これらの5つの基準は男性の同性愛傾向とは明確に関連していなかった。また，大学生を対象とした同じ論文の別の実験では，もっともらしさが低いものの男性の同性愛傾向と関連を示すロールシャッハテストの回答（一部が動物で一部が人間に見えるなど）を参加者に提示しても，そうした情報は見落とされがちであった。これらの知見は，専門家（臨床心理士）も非専門家（大学生）も，もっともらしい基準のみに注目して認知的判断を行っていることを示すものである。

　近年のSNSでのフェイクニュースの蔓延にも見られるように，正確な情報が得られない状況下での社会的推論には，そもそも意図しないバイアスがかかりやすい。フェイクニュースについては，情報の正しさに注目するように教示を行うだけで，他者への拡散は一定程度抑制できる（Pennycook et al., 2020）。臨床場面での対人的な判断を行う際にも，こうしたバイアスの存在には十分に自覚的になる必要がある。

●社会的なつながりに関する認知は正確か

　われわれは，周囲の他者と自分が社会的なつながりをもつという認識のもと，さまざまな活動を行っている。その一方で，社会的なつながり，すなわち社会的ネットワークは目に見えないものであり，その実際の様態を把握することは難しい。たとえば，アメリカ人大学生を対象にした調査において，自分の大学内での友人数が自分の友人の友人数と比べて多いと思っている個人は，サンプル全体の約4割にのぼっていた（Zuckerman & Jost, 2001）。こうした認識をもつことは，精神的健康にとってポジティブな影響を与えるかもしれない。

　しかしながら，集団における個人の友人数の平均値は，多くの場合，その友人の友人数の平

均値よりも小さくなることが知られている。これは「友人関係のパラドックス」（Feld, 1991）と呼ばれる有名な現象である。社会的ネットワークにおいて，少数の個人が多くのつながりをもつことはよく見られる。こうした状況下で友人の友人数を計算すると，多くのつながりをもつ個人は重複してカウントされる。そのため，友人の友人数の平均値は，個人の友人数の平均値よりも大きくなってしまう（図11-2の場合，友人の友人数の平均値は2.98，個人の友人数の平均値は2.5）。個人別に見た場合も，4人の友人をもつ個人を除いて，友人の友人数の平均値は個人の友人数よりも大きくなっている。それにもかかわらず，一定数の人々が友人よりもつながりを多くもっていると考えてしまうのは，社会的比較に伴う自己高揚動機がもたらすバイアスに依る部分が大きいと言える（Zuckerman & Jost, 2001）。

　社会的なつながりに関するバイアスは，個人のもつ他者への統制力，すなわち社会的勢力とも関連する。シンプソンら（Simpson et al., 2011）は，アメリカの大学生を対象に，社会的勢力に関するプライミングを行った後に，社会的ネットワークの記憶課題を行った。その結果，勢力の低さをプライミングされた参加者は，勢力の高さをプライミングされた参加者に比べて，架空の第三者間の社会的ネットワークの構造をより正確に記憶していた。一方，勢力のプライミングは，交通ネットワークの構造の記憶には影響を及ぼしていなかった。これは，弱い立場に置かれた個人が，他者の対人環境をより正確に把握するために，認知課題におけるパフォーマンスを向上させるのに対し，強い立場に置かれた個人は，そうした認知的な努力を行いにくいことを示している。組織を例に考えると，他者の社会的なつながりについて正確な把握を行うことは，人間関係にまつわる無用なトラブルを避けるのに有効であるとともに，関係性に埋め込まれた資源を将来的に活用するうえでも理にかなっている。ただし，日本人サンプルで同様の結果が得られるかどうかについては，議論の余地が残されている（大西，2013）。

　日本社会で社会的なつながりの意味がどのように認知されているのかについては，近年，新たな解釈が提唱されている。橋本（2011）は，日本人大学生を対象に，文化的自己観尺度（高田，2000）における相互協調的自己観（協調性を重んじる傾向）と相互独立的自己観（独立性を重んじる傾向）のそれぞれについて，「自分自身にどの程度あてはまるか」という通常の問いに加えて，「理想の自分ならどのように回答すると思うか」についても尋ねた（図11-3）。興味深いことに，現在の自分（現実自己）にあてはまると考えられていたのは，相互独

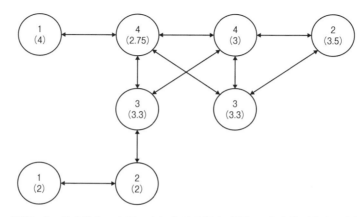

図11-2　社会的ネットワークにおける個人（○）の友人数（○内上段）
と友人の友人数の平均（○内下段，（　）内）（Feld, 1991を改変）

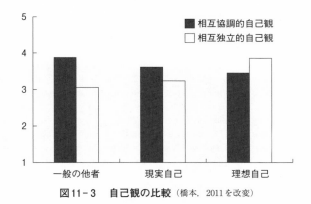

図11-3　自己観の比較（橋本，2011を改変）

立的自己観よりも相互協調的自己観であったのに対して，理想の自分（理想自己）に当てはまると考えられていたのは，相互協調的自己観よりも相互独立的自己観であった。さらに，「世間一般の人々がどのように回答すると思うか」について尋ねた場合，回答者は世間一般の人々が相互独立的自己観よりも相互協調的自己観を重んじると考えていた。一般に，日本人は社会的なつながりにおける協調性を大切にすると信じられてきたが，実は相互独立的なつながりのありかたを理想的だととらえているという事実は，多くの示唆に富んでいる。こうした知見は，ステレオタイプに基づく安易な日本人論を支持することへの戒めとなるとともに（Takano & Osaka, 2018；高野，2008），人々が他者の行動予測に基づいて他者から非難されないように振る舞う結果，自身が望まない規範や制度が維持されてしまうという皮肉な結論を導くのである。

●おわりに

　本章で紹介した内容は，心のありかたが個人の意識だけで決まるものではないことを示している。自己報告におけるバイアスは，特に日本文化における自尊心など，それを表出することが社会的に望ましくないと考えられる領域で顕在化しやすい。これは，個人の内面の理解にあたって非意識的なプロセスの理解が重要となることを意味する。その一方で，社会的な情報の解釈にあたっては，ステレオタイプや錯誤相関の問題がついてまわる。これらのバイアスはゼロになるわけではなく，その存在を前提とした上での社会的判断，特に熟慮的な意思決定を行っていくことが不可欠である。また，社会的ネットワークの様態の認知やその意味の解釈には，自己と他者の比較や地位の問題，さらには文化的に共有されたステレオタイプの影響がついてまわる。心理学の専門家として臨床的な活動を行う際には，こうした社会的影響について十分に理解しておくことが望ましい。

引用文献

Allport, G. W. (1954). *The nature of prejudice*. Cambridge, MA: Perseus Books. （原谷達夫・野村昭訳（1968）偏見の心理　培風館）

Bielby, W. T., & Baron, J. N. (1986). Men and women at work: Sex segregation and statistical discrimination. *American Journal of Sociology, 91*(4), 759-799.

Chapman, L. J., & Chapman, J. P. (1969). Illusory correlation as an obstacle to the use of valid psychodiagnostic signs. *Journal of Abnormal Psychology, 74*(3), 271-280.

Correll, J., Park, B., Judd, C. M., & Wittenbrink, B. (2002). The police officer's dilemma: Using ethnicity to disambiguate potentially threatening individuals. *Journal of Personality and Social Psychology, 83*(6), 1314-1329.

Crisp, R. J., & Turner, R. N. (2012). The imagined contact hypothesis. In J. M. Olson & M. P. Zanna (Eds.), *Advances in experimental social psychology* (Vol. 46, pp. 125-182). New York: Academic Press.

Feld, S. L. (1991). Why your friends have more friends than you do. *American Journal of Sociology, 96*(6), 1464-1477.

Fiedler, K. (1991). The tricky nature of skewed frequency tables: An information loss account of distinctiveness-based illusory correlations. *Journal of Personality and Social Psychology, 60*(1), 24-36.

Fiske, S. T., Cuddy, A. J., Glick, P., & Xu, J. (2002). A model of (often mixed) stereotype content: competence and warmth respectively follow from perceived status and competition. *Journal of Personality and Social Psychology, 82*(6), 878-902.

Fiske, S. T., & Taylor, S. E. (1991). *Social cognition* (2nd ed.). New York and England: Mcgraw-Hill Book Company.

Greenwald, A. G., McGhee, D. E., & Schwartz, J. L. K. (1998). Measuring individual differences in implicit cognition: The implicit association test. *Journal of Personality and Social Psychology, 74*(6), 1464-1480.

Hamilton, D. L., & Gifford, R. K. (1976). Illusory correlation in interpersonal perception: A cognitive basis of stereotypic judgments. *Journal of Experimental Social Psychology, 12*(4), 392-407.

浜井浩一（2013）．なぜ犯罪は減少しているのか　犯罪社会学研究, *38*, 53-77.

橋本博文（2011）．相互協調性の自己維持メカニズム　実験社会心理学研究, *50*(2), 182-193.

法務省（2019）．令和元年版犯罪白書　http://hakusyo1.moj.go.jp/jp/66/nfm/n66_2_2_1_1_2.html

池上知子（2014）．差別・偏見研究の変遷と新たな展開―悲観論から楽観論へ―　教育心理学年報, *53*, 133-146.

警察庁組織犯罪対策部組織犯罪対策企画課（2018）．平成30年における組織犯罪の情勢　https://www.npa.go.jp/sosikihanzai/kikakubunseki/sotaikikaku04/h30.sotaijousei.pdf

Nisbett, R. (2004). *The geography of thought: How Asians and Westerners think differently... and why:* New York: Simon and Schuster.（村本由紀子（訳）（2004）．木を見る西洋人　森を見る東洋人―思考の違いはいかにして生まれるか　ダイヤモンド社）

Nisbett, R. E., & Wilson, T. D. (1977). Telling more than we can know: Verbal reports on mental processes. *Psychological Review, 84*(3), 231-259.

大西康雄（2013）．政治的活動家の社会ネットワーク認知とパワー：パワーを持つ者は，社会ネットワークをより正確に認知するか？　山梨国際研究（山梨県立大学国際政策学部紀要）, *8*, 33-45.

Pennycook, G., McPhetres, J., Zhang, Y., Lu, J. G., & Rand, D. G. (2020). Fighting COVID-19 misinformation on social media: Experimental evidence for a scalable accuracy-nudge intervention. *Psychological Science, 31*(7), 770-780.

Pinker, S. (2011). *The better angels of our nature: Why violence has declined.* New York: Viking.（幾島幸子・塩原通緒（訳）（2015）．暴力の人類史　青土社）

Simpson, B., Markovsky, B., & Steketee, M. (2011). Power and the perception of social networks. *Social Networks, 33*(2), 166-171.

高田利武（2000）．相互独立的―相互協調的の自己観尺度に就いて　総合研究所所報（奈良大学総合研究所）, *8*, 145-163.

高野陽太郎（2008）．「集団主義」という錯覚：日本人論の思い違いとその由来　新曜社

Takano, Y., & Osaka, E. (2018). Comparing Japan and the United States on individualism/collectivism: A follow-up review. *Asian Journal of Social Psychology, 21*(4), 301-316.

Yamada, A. (2009). Appreciating art verbally: Verbalization can make a work of art be both undeservedly loved and unjustly maligned. *Journal of Experimental Social Psychology, 45*(5), 1140-1143.

Yamaguchi, S., Greenwald, A. G., Banaji, M. R., Murakami, F., Chen, D., Shiomura, K., et al. (2007). Apparent universality of positive implicit self-esteem. *Psychological Science, 18*(6), 498-500.

Zuckerman, E. W., & Jost, J. T. (2001). What makes you think you're so popular? Self-evaluation maintenance and the subjective side of the "friendship paradox". *Social Psychology Quarterly, 64*(3), 207-223.

12

産業・組織における人間らしい働き方を考える（産業・組織心理学）

金井篤子

◉心理臨床における産業・組織心理学の意義

　産業・組織心理学が心の専門家の活動にどのように役立つかを考えると，最初に思いつくのは，産業・労働分野における臨床である。後にも述べるように，産業・労働分野の心理臨床は主に産業・組織心理臨床学（労働精神衛生，産業精神保健，本講座第8巻参照）の分野で担われてきたが，産業・労働分野における活動には，産業・組織心理学が追究する，産業・組織における心理学的メカニズムとダイナミクスに関する知識が重要な役割を果たす。

　しかし，心の専門家の活動に産業・組織心理学が重要なのは，産業・労働分野においてのみではない。たとえば，保健医療分野には，子どもや高齢者と同じく，多くの働く人も通っている。その症状には働くことに伴う悩みが影響していることが多分にあるだろう。それらの人々を支援するためには，働く人の所属する環境としての産業・組織についての何らかの知見が必要であることは言うまでもない。現在保健医療分野で展開しているリワーク支援などはまさに，個人を病院から職場へつなぐ支援を行っているわけで，つなぐ先を知らずして十分な支援は期待できない。教育分野や福祉分野，司法・犯罪分野においても，子どもたちや障害者など当事者の環境としての保護者を考えた場合，保護者の多くは働く人であり，その保護者のありかたを考えた時に，保護者の環境としての産業・組織を無視することはできないだろう。

　また，緊急支援等では，支援先の組織特性を把握することが支援の第一歩となる。たとえば，心の専門家による学校への緊急支援を考えてみよう。学校において事件事故が発生した場合，その事件事故によって学校の機能は一時的に低下する。事件事故の性質にもよるが，物理的な混乱もさることながら，心理的な混乱がその機能を停止させ，現場が混乱するのである。その機能を速やかに回復させることが緊急支援である（窪田，2009）。通常緊急支援においては支援開始後数日間の活動が想定されている。事件事故の内容によるものの，数日間というのは原状に復帰するにはあまりにも短い。しかし，学校自身の機能が回復することによって，学校自身の力による原状への復帰が可能と考えているのである。この数日間の目的は学校の原状への復帰を担う学校機能の回復，すなわちキーマンの発見と組織づくりであり，このためにはまず，組織のダイナミクスをアセスメントすることが重要である。キーマンは通常は学校長になり，学校長を中心とした組織を明確化することにより，機能回復を支援する。もし，現場の混乱によりそれがままならない場合は，公式的な組織（フォーマルグループ）にこだわらず，非公式

な組織（インフォーマルグループ）のダイナミクスを活用することも可能である。

　加えて，以上のようなクライエントを取り巻く環境といった視点だけでなく，心の専門家自身を取り巻く環境という意味でも産業・組織心理学の知見は重要である。心の専門家が活動をする場合，何らかの組織に所属して，活動することが多い。心の専門家が活動する病院，学校，企業，公的機関などはいずれも組織である。たとえフリーランスで活動するとしても，連携などをとる先は組織であることが多いだろう。組織における心理的メカニズムとダイナミクスを理解できているかどうかが心の専門家の活動の成否を左右するといっても過言ではない。

◉産業・組織心理学と産業・組織心理臨床学

　現在の産業・組織心理臨床のガイドラインとなっている，厚生労働省の「労働者の心の健康の保持増進のための指針」（2015）においては，キャプラン（Caplan, 1964）の提唱した一次，二次，三次予防の考え方を基盤として，ストレチェック制度の活用や職場環境等の改善を通じた，メンタルヘルス不調を未然に防止する「一次予防」，メンタルヘルス不調を早期に発見し，適切な措置を行う「二次予防」，およびメンタルヘルス不調となった労働者の職場復帰の支援等を行う「三次予防」の3つの予防が推奨されている。加えて，近年一次，二次，三次予防の前段階としてのゼロ次予防（primordial prevention）の考え方が注目されている（近藤，2018）。一次，二次，三次予防は当該の問題の生じるリスクを予防的に低減しようとするものであるが，ゼロ次予防は，そもそも当該の問題を生じさせない環境を用意しようとするものである。産業・組織における心理臨床においては，このゼロ次予防の考え方は非常に重要である。産業・労働分野におけるメンタルヘルス不調の問題は，社会経済情勢や会社，職場といった環境の要因の影響を大きく受けるからである。すなわち，産業・労働分野においては，ゼロ次予防として，そもそもメンタルヘルス不調の問題を生じさせない，健康で生き生きと働ける組織づくりが重要である。

　一次，二次，三次予防の知見は従来産業・組織心理臨床学によって積み上げられてきた。一方，産業・組織心理学は産業・組織における心理学的メカニズムやダイナミクスを追求することにより，よりよい組織づくりに関する知見を積み上げてきており，ゼロ次予防としての組織づくりについての知見を提供する。産業・組織心理学と産業・組織心理臨床学はこれまで別々の系譜をもって積み上げられてきた知見であるが，産業・労働分野における支援においては，

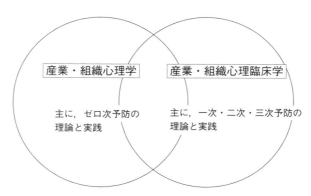

図12-1　産業・組織心理学と産業・組織心理臨床学の位置づけ

この2つの学問領域の知見が，車の両輪のように，必須であると言えよう（図12-1）。

◉産業・組織心理学とは

　産業・組織心理学は産業・組織における心理学的メカニズムとダイナミクスを扱っている。人が集まって働くどの組織においても必須の知見であり，その知見はさまざまに活用されている（表12-1）。産業・組織心理学の意義は，個と組織の関係性の視点を提供したり，組織内のダイナミクスが個人に及ぼす影響を明確化する点にあると考えられる。加えて，個人にとっての，意味ある組織環境や社会経済環境を模索するための理論的枠組みを提供する。たとえば，ダイバシティ・マネジメント（後述）を考えた場合，これが新しい概念であることから，往々にして，従来の働く仕組みでは対応できない現象が生じる。ダイバシティ・マネジメントを実現するためには，働く仕組みそのもののパラダイムの転換を必要とするが，そのためには何らかの理論的枠組みを欠くことはできない。こういったことから，産業・組織心理学の知見は，産業・労働分野における支援においては，ゼロ次予防（組織づくり）の視点を提供すると言える。産業・組織心理学が対象とする概念は多様であるので，本章では紙面の都合もあり，このうち，「産業・組織における人間らしい働き方」を考えたい。

◉産業・組織は人間をどのように扱ってきたのか

　産業・組織における人間観はシャイン（Schein, 1980）によれば以下のように変遷してきた。すなわち，合理的経済人→社会人→自己実現人→複雑人である。

（1）合理的経済人

　合理的経済人というとらえ方はテイラー（Taylor, 1911）による「科学的管理法」に代表される。テイラーは製鋼会社の一技師であったが，当時産業界では深刻な不況を背景に，労使の関係が悪化しており，労働者側の大規模なストライキや組織的怠業に対して，使用者側はロックダウン（工場封鎖）により対抗するという状況だった。そのような状況に対して，彼は労使の関係改善の観点から，生産量を上げる方法と働いた分の正当な報酬を受け取るための基準を作ろうと考えた。科学的管理法の特徴（寺沢，1978）は表12-2のようにまとめられる。科学的管理法は，フォード・システムを代表とする自動車組み立てラインによる生産方式に導入され，規格化された商品の大量生産という革命的な変化を近代産業社会にもたらした。現在でも

表12-1　産業・組織心理学が取り扱う主なテーマ

領　域	内　容
人事	採用と面接，適性検査，人事評価，キャリア発達，人材育成，セカンドキャリア，ワーク・ライフ・バランス，ディーセント・ワークなど
組織行動	ワーク・モチベーション，集団と組織，リーダーシップ，チームワーク，職場の人間関係とコミュニケーション，意思決定，組織コンサルテーションなど
消費者行動	消費者の購買行動，商品価値判断，マーケティング，宣伝・広告効果，悪質商法，オレオレ詐欺など
安全とリスク管理	作業負荷，ヒューマン・エラー，ヒューマン・マシン・インターフェイス，安全工学など
職場のストレスとメンタルヘルス	ストレス，バーンアウト，メンタルヘルス，過労死など

表12-2 科学的管理法の特徴

特　徴	内　容
①精神革命	労使ともに両者の共同による努力から得られた余剰の分配が真の利益の分配であることを理解する。
②課業管理	作業を分析し，最もやりやすい作業の方法を見出し，作業を標準化し，必要な訓練を行い，標準作業量を決定する（時間研究）。のちにギルブレス夫妻（Gilbreth & Gilbreth, 1917）は作業目的に照らして無駄な動作を排除し，最適な動作を追求する動作研究を確立している。
③機能別職長制度	作業者を作業に専念させ，管理者は計画設計を行うが，その際作業者の作業内容は単一の作業にとどめる。
④差別出来高制度	標準作業量よりも超過すれば，高率の出来高給を支払い，標準に達しない場合は低率の出来高給を支払う。

　さまざまな作業工程に応用されている。しかし一方で，科学的管理法が合理主義，能率主義で貫かれ，労働者の人間性を無視しているとの批判を受けることになった。当時，チャップリン（Chaplin, 1936）が自身の制作したアメリカ映画『モダン・タイムス（Modern Times）』において，人間が機械の一部として扱われていることを風刺したことはよく知られている。

(2) 社 会 人

　次に登場した社会人というとらえ方は，1927年から1932年にかけて行われたホーソン研究に代表される。この研究は組織における人間の心理的な問題について，理論や問題解決手法を提供し，産業・組織心理学における人間関係論の基礎となった（進藤，1978）。アメリカ合衆国のウエスタン・エレクトリック社のホーソン工場で研究が行われたことから，この名で呼ばれている。ホーソン研究は，中心研究者であるメーヨー（Mayo, 1933）やレスリスバーガー（Roethlisberger, 1939）たちが科学的管理法をより発展させるために企画したもので，継電器組み立て作業実験，従業員の面接調査，バンク配線作業観察の3つからなる。継電器組み立て作業実験では，適切な作業環境を見出すためにさまざまな物理的要因の操作が行われたが，それらの操作にかかわらず，なぜか生産性が向上するという結果が得られた。物理的環境要因よりも，集団としての一体感や目的意識によって高い生産性が維持されたのである。また，従業員の面接調査からは，職場の行動は各人の態度や感情に規定され，その各人の態度や感情は職場の人間関係に由来していること，バンク配線作業観察からは，組織が決めた公式のグループの中にいくつか非公式のグループ（インフォーマルグループ）が存在すること，これらのグループは公式のルールとは異なる非公式のルールをもっており，しかも公式のルールよりも非公式のルールのほうが拘束力が強いことを見出した。ホーソン研究は，人間関係に動機づけられる人間の存在を見出し，その後のモラール研究やリーダーシップ研究の進展に寄与した。しかし一方で，人間関係が操作的に用いられる弊害を引き起こし，本来の人間関係ではなく資本家発想に基づく懐柔施策に過ぎないという批判につながった。

(3) 自己実現人

　自己実現人というとらえ方は，1940年代に自己実現論を提唱したマズロー（Maslow, A. H.）やクライエント中心療法を唱えたロジャース（Rogers, C. R.）らの人間性心理学派（精神病理の理解を目的とする精神分析と，人間と動物を区別しない行動主義心理学の間の，いわゆる「第三の勢力」として，心の健康についての心理学を目指すもので，人間の自己実現を研究する）

に代表され，産業界においてもこの立場からの理論が展開した。以下に，マズロー，マクレガー（McGregor, D.），アージリス（Argyris, C.）の理論を紹介する。

1）マズローの欲求階梯説　　マズロー（Maslow, 1954）は，フロイト（Freud, S.）が神経症者の研究から人間のネガティブな側面を明らかにしたのに対し，より健康で成熟した人を研究対象者として選び，面接調査によって，可能性や抱負や希望といった人間のポジティブな側面を明らかにしようとした。その結果，人間には生理的な欲求，安全と安定の欲求，愛と所属の欲求，自尊の欲求が，低次の欲求から高次の欲求まで階層的に積みあがっていること，これらはいったん満たされてしまうと，二度と人を動機づけることはできないこと，これらの欲求を満たしてしまった後に，決して動機づけの低下しない自己実現欲求（Self-actualization）が存在することを見出した。自己実現とはマズローによれば「自分のもつ能力や可能性を最大限発揮して，自分がなり得る最高のものになる」ことである。働く場面で考えると，人間は賃金や人間関係のために働くということもあるが，究極的には自分自身になるために働いており，そのため，人間は自分自身になる機会に最も動機づけられ，自分の力を発揮すると考えたのである。マズローの理論は，組織における自己実現的人間観の基礎となり，マクレガーやアージリスらに引き継がれ，組織において労働者の自己実現を目指した組織経営のための理論的根拠となった。

2）マクレガーのX−Y理論　　マクレガー（McGregor, 1960）はそれまでの企業におけるネガティブな人間観をX理論と名づけ，それに対して人間の積極的な側面に着目した新しい人間観をY理論と名づけた（表12-3）。X理論では，組織作りの中心原理は「権力行使による命令と統制」となり，人は厳しく管理されなければならないことになる。一方，Y理論に基づけば，組織作りの中心原理は「統合」で，労働者が組織のために努力すれば，それによって労働者が自分自身の目標を最高に成し遂げられるように，企業が組織のシステムを整えることにより，

表12-3　マクレガーのX−Y理論

X理論
1．普通の人間は生来仕事がきらいで，なろうことなら仕事はしたくないと思っている。
2．この仕事はきらいだという人間の特性があるために，たいていの人間は，強制されたり，統制されたり，命令されたり，処罰するぞとおどされたりしなければ，企業目標を達成するために十分な力を出さないものである。
3．普通の人間は命令されるほうが好きで，責任を回避したがり，あまり野心も持たず，なによりもまず安全を望んでいるものである。

Y理論
1．仕事で心身を使うのはごくあたりまえのことであり，遊びや休憩の場合と変わりはない。普通の人間は生来仕事がきらいだということはない。条件（これは操作可能である）次第で，仕事は満足感の源にもなり（したがって自発的に仕事をする），逆に懲罰の源とも受け取られる（したがってなろうことなら避けようとする）。
2．外から統制したりおどかしたりすることだけが企業目標達成に努力させる手段ではない。人は自分が進んで身をゆだねた目標のためには自ら自分にムチ打って働くものである。
3．献身的に目標達成につくすかどうかは，それを達成して得る報酬次第である。報酬の最も重要なものは自我の欲求や自己実現の欲求の満足であるが，企業目標に向かって努力すれば直ちにこの最も重要な報酬にありつけることになりうるのである。
4．普通の人間は，条件次第では責任を引き受けるばかりか，自ら進んで責任をとろうとする。責任回避，野心のなさ・安全第一というのは，たいていは体験に基づいてそうなるのであって人間本来の性質ではない。
5．企業内の問題を解決しようと比較的高度の想像力を駆使し，手練をつくし，創意工夫をこらす能力は，たいていの人に備わっているものであり，一部の人だけのものではない。

表12-4　アージリスの未成熟－成熟理論

1．幼児のように受け身の状態から成人のように働きかけを増していくという状態に発展していく傾向
2．幼児のように，他人に依存する状況から成人のように比較的独立した状態に発展する傾向
3．幼児のように数少ないわずかの仕方でしか行動できないことから，成人のように多くの違った仕方で行動できるまで発達する傾向
4．幼児のようにその場，その場の浅い，移り気な，すぐに弱くなる興味から成人のような深い興味をもつように発達する傾向
5．子どものような，短期の展望から，成人のような長期の展望に発達する傾向
6．幼児のように，家庭や社会の中で従属的地位にいることから，同僚に対して同等，または上位の位置を占めようと望むことに発展する傾向
7．幼児のような自己意識の欠乏から，成人のような自己についての意識と自己統制に発達する傾向

労働者と企業がともに満足できることを目指す。具体的には，①分権（権限を一か所に集中しないで，分割すること），②権限移譲（権限を労働者一人ひとりにもたせること），③ジョブ・エンラージメント（単一の職務だけに従事するのではなく，担当できる職務の範囲を広げること），④参加と協議（企業や職場の決定に参加できたり，相談できたりすること）を提案した。

　3）アージリスの未成熟－成熟理論　アージリス（Argyris, 1957）は組織と労働者の関係について，まず労働者は子どものように何もできない存在から大人のように自ら考え，行動するといったように，成熟していく存在である（表12-4）とし，にもかかわらず，労働者が成熟すればするほど，組織がその成熟に対応できず，組織と労働者が不適合を起こすと考えた。この不適合は個人にとっても組織にとっても非生産的である。これを改善するためには，労働者がその機会を通じて心理的成功を体験し，成長できるような，「挑戦と自己責任の機会」，たとえば，プロジェクトに抜擢する，新しい業務に挑戦させる，などの機会を提供すべきである（Argyris, 1964）と提言した。

（4）複　雑　人

　シャイン（Schein, 1980）は以上の変遷を踏まえ，複雑人の概念を提案した。人間は合理的経済人や社会人，自己実現人といった単一の動機に動機づけられる存在ではなく，はるかに複雑な存在であるとして，以下のように述べた。①人は複雑であるだけでなく，きわめて変化しやすい。動機は階層化されているが，この階層は時と状況に応じて変化し，さらに動機が相互作用を起こしてより複雑な動機の型を作り上げる。②人は組織での経験を通じて，新しい動機を学び取る能力をもっている。③組織や部署が違えば，人々の動機も異なる。④人はいろいろな欲求に基づいて組織に生産的に関与するようになることができる。⑤動機や能力や仕事の性質によっては，人はいろいろな管理戦略に反応することができる。つまり，すべての人に有効なただ1つの正しい管理戦略というものは存在しない。

　このうえで，複雑人をマネジメントするとは，①部下の能力や動機が非常にまちまちであるとするならば，管理者はその差異を感じ取り，それを評価する共感的能力と診断的能力をもっていなければならない。②そのような差異のあることを，わずらわしく思わないで，むしろその差異を認め，差異を明らかにする診断の重要性を認めることを学ばなければならない。③管理者は人間的な柔軟性と，自分の行動を変える広範な技量をもたなければならない。つまり部下の欲求や動機に違いがあれば，それぞれの部下を違ったように扱わなければならない，と述

べている。

　ここまでシャインの整理に基づいて，産業・組織における人間観の変遷を見てきたが，産業・組織がどのような人間観をもっているかによって，組織の管理戦略は異なる。また同時に，組織の管理戦略のありかたは組織における人のありかたに影響を及ぼす。そこには相互作用があることを認識しておく必要がある。産業・組織のもつ人間観や管理戦略と実際に働く人との間に生じる離齬が心理臨床的問題を引き起こすと考えられる。

　以上のように，産業・組織心理学の発展過程においては，「人が働くとはどういうことなのか」というテーマが一貫して扱われてきた。そのベースには人とはどのような存在なのかという人間観の変遷があり，また人が働く組織とは何かという組織観の変遷も伴う。産業・組織心理学は，これらの知見をもとにして，「これからどのように働くことが人にとって意味のあることなのか」ということを提案しているとも言える。

◉働く人の視点から，これからの産業・組織はどうあるべきか

　さて，シャインの複雑人の定義から50年以上を経過した2020年代，産業・組織はどうあるべきなのであろうか。ここではいくつかのキーワードを提示したい。キャリア発達，ワーク・ライフ・バランス，ダイバシティ・マネジメント，ディーセント・ワークである。

(1) キャリア発達

　キャリア（Career）とは，荷車や戦車（Cart, Chariot），またこれらが通過する道，わだち（Cararia）を語源としていると言われる。和訳では，経歴，生涯，生き方などがあてられるが，最近では「キャリア」と原語で使われることが多い。ホール（Hall, 1976）はキャリアには①昇進や昇格によって職業上の地位が上昇すること，②医師，法律家，教授，聖職者などの伝統的な専門的職業，③ある人が経験した仕事（職業）の系列，④職業に限らず，生涯を通じてのあらゆる役割や地位，ないし身分の系列の4つの意味があると述べている。官公庁のキャリア組，ノンキャリア組といった呼び方は①の意味であり，キャリア・ウーマンといった呼び方は②の意味で使われている。このように①や②の意味では一部の人だけがキャリアをもっていることになるが，現在「キャリア」は働くすべての人を対象とする③や，働く，働かないにかかわらずすべての人を対象とする④の意味で用いられることが多い。産業・労働分野の心理臨床においてすべての人を対象とするゆえんである（本講座第8巻参照）。

　キャリア発達の理論は，特に産業革命以後に多く論じられてきた。まず，特性論的アプローチとしては，パーソンズ（Parsons, 1909）の職業ガイダンス運動が挙げられる。彼は，「職業ガイダンス運動の父（the founder of the vocational guidance movement）」と呼ばれ，19世紀初頭，世界で最初の職業指導機関を開設した。当時アメリカ社会では，それまでの第一次産業から工業・商業等への産業構造の変化に伴い，都市に労働者が集中したが，労働力として地方から駆り集められた若年層のうち，仕事にうまく適応できなかった者たちがそのまま浮浪者となり，町がスラム化するという状況が生まれていた。これに対し，パーソンズは適切な職業ガイダンスにより，青少年の適切な職業選択を促進して彼らの職業生活の確立を図れば，ひいては社会全体が改善されると考えたのである。職業ガイダンスでは，①自分自身（能力，適性，興味，希望，才能，欠点など）をはっきり知ること，②職業および職業につくために必要な能力について理解すること，③自分自身と職業との間の関係を正しく推論することの必要性を論

じた。ここから，職業に適合する個人の特性を明確化するウイリアムソン（Willamson, 1965）の特性研究，ホーランド（Holland, 1985）のパーソナリティの6角形モデルなどが展開した。個人と職業とのマッチングを重視する立場で，P-V Fit（Person-Vocational Fit）理論とも呼ばれる。

　次に，発達段階的アプローチが挙げられる。この特徴は，生涯をいくつかの年齢段階に区切り，その段階における達成されるべき固有の課題と，達成されなかった場合の心理社会的危機，あるいは達成に伴う心理社会的危機を提示する点にある。当該段階の固有の発達課題の達成・不達成は，その後の段階に何らかの影響を及ぼすと考えられている。キャリア発達段階理論で代表的なものを見てみると，スーパー（Super, 1957）は，①成長期（受胎から14歳）②探索期（15歳から25歳）③確立期（25歳から45歳）④維持期（65歳まで）⑤下降期（65歳以降）の5段階を示している。また，ミラーとフォーム（Miller & Formm, 1951）は，①就業準備期②初等就業期（14歳頃初めてのパートタイムや夏休みのアルバイト）③試行就業期（16歳から25歳正規の労働市場への参入，35歳まで1つの安定した地位が決定するまで）④安定就業期（35歳から60歳）⑤引退期（60歳ないし65歳に始まる）と，これも5段階を提唱している。これに対し，シャイン（Schein, 1978）は，特に組織内キャリアに焦点を当て，①成長・空想・探求（0歳〜21歳）②仕事世界へのエントリー（16歳〜25歳）③基本訓練（16歳〜25歳）④キャリア初期の正社員資格（17歳〜30歳）⑤正社員資格，キャリア中期（25歳以降）⑥キャリア中期危機（35歳〜45歳）⑦キャリア後期（40歳から引退まで）⑧衰えおよび離脱（40歳から引退まで）⑨引退の9段階とその心理社会的危機課題を示した。

　その他のアプローチとしては，社会的学習理論（Krumboltz, 1996），プロティアン・キャリア（Hall, 1976），バウンダリーレス・キャリア（Arthur & Rousseau, 1996），キャリア意思決定理論（Gelatt, 1989），トランジッション（転機）理論（Bridges, 1980; Schlossberg et al., 1995），統合的将来設計（Integrative Life Planning, Hansen, 1997），キャリア構築理論（Savickas, 2006）などの理論がある。

　キャリア発達は個人のアイデンティティとも密接にからんでおり，キャリア発達を考えることは人生を考えることといっても過言ではない。しかし，その人らしいキャリアを構築するには，さまざまな心理的，あるいは現実的困難を伴う場合があり，これを支援することが期待されている。また，産業・組織には個人のキャリア発達のフィールドとして，これをいかに支援するかという視点をもつことが期待される。テイラー以来，立場の違いはあるものの，多くの研究者が指摘してきたように，個人の発達なくして，組織の発達はないのである。支援のための理論的背景として，これらのキャリア理論について精通しておきたい。

(2) ワーク・ライフ・バランス

　ワーク・ライフ・バランスは，日本においてはもともと国家施策として導入されたものであり，内閣府男女共同参画会議（2007）において，「老若男女誰もが，仕事，家庭生活，地域生活，個人の自己啓発など，さまざまな活動について，自らが希望するバランスで展開できる状態」と定義されている。同じ2007年に，「仕事と生活の調和（ワーク・ライフ・バランス）憲章」および「仕事と生活の調和推進のための行動指針」が策定されたが，これには，「国民1人ひとりがやりがいや充実感を感じながら働き，仕事上の責任を果たすとともに，家庭や地域生活などにおいても，子育て期，中高年期といった人生の各段階に応じて多様な生き方が選択・実

現できる社会」と述べられている。また，同じく2007年に成立した労働契約法は，労働契約の原則の１つとして，「労働者及び使用者が仕事と生活の調和にも配慮しつつ締結し，又は変更すべきもの」であることが明記することによって，仕事と生活の調和を図る働き方について立法上明らかにした。

　これらのワーク・ライフ・バランス施策展開の背景には，①合計特殊出生率（一人の女性が出産可能とされる15歳から49歳までに産む子どもの数の平均）が落ち込み，1.57ショックと呼ばれた1989年以来の深刻な少子化の問題が強調されているが，もう１つ，②仕事の領域への過度なシフトによって職場に生じている，過労死などの問題があると考えられる。この２つの問題は，当然のことながら密接に関係がある。ワーク・ライフ・バランスは，仕事の領域への過度なシフトから脱却し，次世代を育むという持続可能な社会を目指すための１つのキーワードとして位置づけられる。

　ワーク・ライフ・バランスの導入がこういった政治的な要請から始まったために，当初職場においては，ワーク・ライフ・バランスって何？という混乱があったことは確かである。しかし，歴史的には，女性の社会進出など，女性にとって仕事と家庭との両立は非常に重要なテーマであり，両立への挑戦は絶えず行われてきた。現在では，働く男性にとっても，子育てに積極的に関わるなど，ワーク・ライフ・バランスは重要なテーマである。また，男女ともにワーク・ライフ・バランスのとれた働き方が働く意欲を高めるというデータ（内閣府男女共同参画局，2007）もある。これらのことから，ワーク・ライフ・バランスは社会的要請だけでなく，個人の内的要請の結果といえる。

　ワーク・ライフ・バランスについては，さまざまな領域の研究者がアプローチしているが，ワークとライフのインターフェイスを考えるモデルとしては以下の５つのモデルが提案されている。すなわち，Spillover theory（流出理論），Compensation theory（補償理論），Segmentation theory（分離理論），Instrumental theory（道具的理論），Conflict theory（葛藤理論）（Zedeck, 1992）である。流出理論は仕事（家庭）領域の事柄が，家庭（仕事）領域に流出するという考え方で，長時間労働で家庭に割く時間がないといった時間の問題や，たとえば学校の先生が家でもまるで仕事のように自分の子どもに接するという行動の問題や，仕事で嫌なことがあって，家庭に帰ってきてからも機嫌が悪いといった感情的な問題が当てはまる。補償理論は，仕事で嫌なことがあっても家庭では幸せなので大丈夫といったように，仕事と家庭がそれぞれの問題をカバーすると考える。分離理論は仕事と家庭はまったく独立しているという考え方で，道具的理論は家庭のために仕事があるというように，一方は他方を成り立たせるための道具であるとする考え方，葛藤理論は仕事と家庭があるために両方が葛藤するという考え方である。このうち，流出理論と葛藤理論が主に研究されている。

　これらの研究の問題点には，バランスをどのように測定するのかという点がある。もちろんバランスは主観的なものであるので，「あなたはワーク・ライフ・バランスがとれていると思いますか？」と聞くことも可能である。現時点における満足度は測定できるだろう。しかし，こういった質問に対する回答はその人が持っている期待水準と関係しているため，たとえば，週当たり60時間以上労働している人が，周りもそうなので，こんなものだろうと回答すれば，ワーク・ライフ・バランスがとれていることになり，週当たり30時間労働の人でも，仕事のしすぎと思えば，ワーク・ライフ・バランスがとれていないことになるのである。このように何をバランスというのか，どのように測定するのかについては，現在も議論が重ねられている

ところであり，今後の研究の進展が期待される。

　また，ワーク・ライフ・バランスをどのように実現するのかを考える場合は，産業・組織の側の問題が大きいことに注意が必要である。そもそも，先に政策を展開したイギリスの貿易産業省では，「年齢，人種，性別にかかわらず，誰もが仕事とそれ以外の責任，欲求とを調和させられるような生活リズムを見つけられるように，就業形態を調整すること」と定義している（町田，2006）。この定義では，「就業形態を調整すること」と明記されていることが特徴的である。つまり，ワーク・ライフ・バランスは，仕事領域の調整によって実現するべきであることが強調されているということである。従来の仕事生活における働き方が，人間らしく生きるための家庭や地域などの生活領域を阻害し，場合によっては，その犠牲のうえに成り立っているという認識のもとに，働き方の転換を求めていると言える。これは日本においてもまったく同様の状況であることが指摘でき，このことから，ワーク・ライフ・バランスを実現するためには，いかに職場の環境を調整するかという点に力点がおかれなければならないことがわかる。

(3) ダイバシティ・マネジメント (Diversity management)

　現在，グローバリゼーションと人権意識の高まりから，産業・組織では「ダイバシティ・マネジメント」が推進されている。ダイバシティ・マネジメントとは，多様性が企業や行政等の組織の生産性や発展に貢献するという考えをベースに，多様な人材を積極的に活用しようという考え方のことである。もともとは性別や人種の違いなどの社会的マイノリティの就業機会拡大を意図して使われることが多かったが，現在では人種，国籍，宗教，性別，性的指向，年齢，障害などのほか，個人や集団の間で違いを生み出す可能性のあるあらゆる要素が考慮の対象となっている。また，ライフ・サイクルの問題も無視できないと考えられる。独身の時の働き方と結婚してからの働き方，子どもが生まれてからの働き方，子どもが独立してからの働き方，介護の必要ができた時の働き方と一人の人の中でも働き方が変化するからである。

　しかし，現実的にはダイバシティの実現はそれほど簡単ではない。考え方を変えるということもさることながら，働く仕組みそのものの変更を必要とするからである。かつて日本は一律の仕組みで高度な経済成長を果たした。すなわち，一定の資質をもった男性従業員が，一品種を大量生産することでコストを下げ，利益を生み出したのである。また，効率化の視点から，リスクマネジメントのないタイトでち密な体制が組み立てられた。こういった体制は多品種少量生産が主流になった現在でも健在である。これは生産現場に限らず，日本の職場が事務系，技術系を含めてそうなっている。健康な従業員が残業も含めてフルにこなすことが前提となっているために，たとえば育児休業を取ろうとすると，代替要員の問題や知識やスキルの伝達の問題がすぐに生じる。しかし，人によって，いろいろと事情は異なるし，同じ一人の人の中でも，生きていくプロセスでさまざまなニーズが生じ，さまざまな事態に直面する可能性がある。これらに柔軟に対応し，人々が人間らしく働ける職場こそがダイバシティの実現であると考えられるが，これにはまだ方法論の問題など，課題が山積みである。非常に多様な対象が産業・組織領域には存在しており，それぞれ固有の支援を必要としている点に注目し，ダイバシティを担保する産業・組織システムを構築することが必要である。

(4) ディーセント・ワーク (Decent work)

　ディーセント・ワーク（働きがいのある人間らしい仕事）は，1999年の第87回ILO（国際

労働機関）総会に提出されたファン・ソマビア事務局長の報告において初めて用いられ（ILO, 1999），2008年の第97回ILO総会において21世紀のILOの目標として採択された（ILO, 2008）概念であり，「ILOは「全ての人にディーセント・ワーク ―Decent Work for All―」の実現を目指して活動を展開しています。（中略）ディーセント・ワークとは，権利が保障され，十分な収入を生み出し，適切な社会的保護が与えられる生産的な仕事を意味します。それはまた，全ての人が収入を得るのに十分な仕事があることです」と述べられている。このディーセント・ワーク実現のためのILOの戦略目標として，①仕事の創出（必要な技能を身につけ，働いて生計が立てられるように，国や企業が仕事を作り出すことを支援），②社会的保護の拡充（安全で健康的に働ける職場を確保し，生産性も向上するような環境の整備。社会保障の充実。）③社会対話の推進（職場での問題や紛争を平和的に解決できるように，政・労・使の話し合いの促進。）④仕事における権利の保障（不利な立場におかれて働く人々をなくすため，労働者の権利の保障，尊重）の4つを挙げている。さらに，ジェンダー平等は，横断的目標として，すべての戦略目標に関わっているとしている。

　2020年の現在，日本の産業・組織では，長い経済的な停滞を背景に，長時間労働と過労死やパワー・ハラスメント等の問題が顕在化し，ブラック企業（たとえば，今野，2012）と呼ばれる企業も少なくなく，すべての人がディーセント・ワークを享受するには程遠い状況である。こういった問題の解決に，産業・組織心理学が貢献することも重要なテーマである。

　以上，これからの産業・組織のキーワードとして，キャリア発達，ワーク・ライフ・バランス，ダイバシティ・マネジメント，ディーセント・ワークの4つを挙げたが，これらのキーワードが互いに連関していることは言うまでもないだろう。これらに共通するのは，人間性心理学や自己実現理論などの背景となる人権意識から生まれてきた新しい概念ということである。これらは長い労働の歴史において，まだ生まれたばかりと言ってもいいぐらい新しいのである。現状を見るに，これらについては理念的にはほぼ合意がとれていると思われる。しかし，具体的にどうやるのかという方法論の積み上げは十分でない。どのように方法論を積み上げていくのかについては，具体的な事例が出てきた時に，理念を明確化し，前向きに，柔軟に現状を問い直すことを続けていくしかないのではないかと思われる。それらの問題は非常に個人的で，独自のものであるからである。ダイバシティのゆえんである。しかし，その非常に個人的な問題における問題解決の方法が積みあがることによって，そして，こういった姿勢こそが「働く人にとって意味ある産業・組織」を作り出していくのではないかと思われる。心の専門家はまさにこの非常に個人的な問題に常に向き合う存在である。既存の概念にとらわれず，理念を明確化し，前向きに，柔軟に現状を問い直すエージェントでもあってほしいと考えている。

引用文献

Argyris, C. (1957). *Personality and organization: The conflict between system and the individual.* New York: Harper. （伊吹山太郎・中村　実（訳）(1970). 組織とパーソナリティー―システムと個人との葛藤　日本能率協会）

Argyris, C. (1964). *Integrating the individual and the organization.* New York: Wiley. （三隅二不二・黒川正流（訳）(1969). 新しい管理社会の探求―組織における人間疎外の克服　産業能率短期大学出版部）

Arthur, M. B., & Rousseau, D. M. (1996). *The boundaryless career.* New York: Oxford University Press.

Bridges, W. (1980). *Transitions.* Reading, MA: Addison-Wesley. （倉光　修・小林哲郎（訳）1994　トランジッション―人生の転機―　創元社）

Caplan, G. (1964). *Principles of preventive psychiatry.* New York: Basic Books. （新福尚武（監訳）(1970). 予防精神

医学　朝倉書店）

Chaplin, C.（1936）*Modern times*. Beverly Hills, CA: United Artists Corporations.

Gelatt, H. B.（1989）. Positive uncertainty: A new decision-making framework for counseling. *Journal of Counseling Psychology, 36*, 252-256.

Gilbreth, F. B., & Gilbreth, L. E. M.（1917）. *Applied motion study: A collection of papers on the efficient method to industrial preparedness*. New York: Sturgis & Walton company.

Hall, D. T.（1976）. *Careers in organizations*. Glenview, IL: Scott, Foresman.

Hansen, L. S.（1996）. *Integrative life planning: Critical tasks for career development and changing life patterns*. San Francisco, CA: Jossey-Bass.

Holland, J. L.（1985）. *Making vocational choices*（ 2 nd ed.）. Englewood Cliffs, NJ: Prentice-hall.（渡辺三枝子・松本純平・館　曉夫（訳）（1990）．職業選択の理論　雇用問題研究会）

ILO（国際労働機関）（2008）．公正なグローバル化のための社会正義に関するILO宣言　第97回ILO総会により採択　2008年6月10日，ジュネーブ　https://www.ilo.org/tokyo/information/publications/WCMS_236375/lang-ja/index.htm（2020年10月31日閲覧）

ILO（国際労働機関）（1999）．ディーセント・ワーク　働く価値のある仕事の実現をめざして　第87回ILO総会事務局長報告　https://www.ilo.org/tokyo/information/publications/WCMS_241024/lang--ja/index.htm（2020年10月31日閲覧）

近藤克則（2018）．巻頭言　健康の社会的決定要因と「ゼロ次予防」　医療と社会, *27*（4），435-436．https://doi.org/10.4091/iken.29.017（2020年10月31日閲覧）

今野晴貴（2012）．ブラック企業─日本を食いつぶす妖怪　文藝春秋

厚生労働省（2015）．労働者の心の健康の保持増進のための指針　平成18年3月31日健康保持増進のための指針公示第3号　改正平成27年11月30日健康保持増進のための指針公示第6号　https://www.mhlw.go.jp/hourei/doc/kouji/K151130K0020.pdf（2020年10月31日閲覧）

Krumboltz, J. D.（1996）. A learning theory of career counseling. In M. Savickas & B. Walsh（Eds.）, *Handbook of career counseling theory and practice*. Palo Alto, CI: Davies-Black.

窪田由紀（2009）．臨床実践としてのコミュニティ・アプローチ　金剛出版

町田敦子（2006）．特集ワーク・ライフ・バランス─欧米の動向とわが国への示唆　独立行政法人労働政策・研修機構　Business Labor Trend, *370*, 2-5．

Maslow, A. H.（1954）. *Motivation and personality*. New York: Harper & Brothers.（小口忠彦（訳）（1987）．改訂新版人間性の心理学─モチベーションとパーソナリティ　産能大出版部）

Mayo, E.（1933）. *The human problems of an industrial civilization*. Cambridge, MA: Harvard University Press.（村本栄一（訳）（1967）．新訳産業文明における人間問題　日本能率協会）

McGregor, D.（1960）. *The human side of enterprise*. New York: McGrawHill.（高橋達男（訳）（1960）．新版企業の人間的側面　産能大学出版部）

Miller, D. C., & Formm, W. H. 1951 *Industrial sociology*. New York: Harper.

内閣府男女共同参画会議（2007）．「ワーク・ライフ・バランス」推進の基本的方向中間報告〜多様性を尊重し仕事と生活が好循環を生む社会に向けて〜　仕事と生活の調和（ワーク・ライフ・バランス）に関する専門調査会　http://www.gender.go.jp/kaigi/senmon/wlb/pdf/wlb19-2.pdf（2020年10月31日閲覧）

内閣府男女共同参画局（2007）．平成19年版男女共同参画白書　http://www.gender.go.jp/about_danjo/whitepaper/h19/zentai/index.html（2020年10月31日閲覧）

Parsons, F.（1909）. *Choosing a vocation*. Boston, MA: Houghton Mifflin.

Roethlisberger, F. J., & Dickson, W. J.（1939）*Management and the worker: An account of a research program conducted by the Western electric company, Hawthorne works, Chicago*. Cambridge, MA: Harvard University Press.

Savickas, M. L.（2006）. The theory and practice of career construction. In S. D. Brown & R. W. Lent（Eds.）, *Career development and counseling: Putting theory and research to work*（pp.42-70）. Hoboken, NJ: John Wiley & Sons.

Schein, E. H.（1978）. *Career dynamics：Matching individual and organizational needs*. Reading, MA: Addison Wesley.（二村敏子・三善勝代（訳）（1991）．キャリア・ダイナミクス　白桃書房）

Schein, E. H.（1980）. *Organizational psychology*（3rd ed.）. Englewood Cliffs, NJ: Prentice-Hall.（松井賚夫（訳）（1981）．組織心理学　岩波書店）

Schlossberg, N. K., Waters, E. B., & Goodman, J.（1995）. *Counseling adults in Transition: Linking practice with theory*（2nd ed.）. New York: Springer.

進藤勝美（1978）．ホーソン・リサーチと人間関係論　産業能率短期大学出版部

Super, D. E.（1957）. *The psychology of careers*. New York: Harper.（日本職業指導学会（訳）（1960）．職業生活の心理学　誠信書房）

Taylor, F. W.（1911）. *The principles of scientific management*. New York and London: Harper & Brothers.（上野陽一（訳）（1969）．新版科学的管理法　産能大学出版部）

寺沢正雄（1978）．テイラー・フォード・ドラッカー　森山書店

Willamson, E. G. (1965). *Vocational Counseling.* New York: McGraw-Hill.

Zedeck, S. (1992). Introduction: Exploring the domain of work and family concerns. In S. Zedeck (Ed.), *Work, families, and organizations* (pp. 1 -32). San Francisco, CA: Jossey Bass.

事項索引

人名索引

【著者一覧】 （執筆順，＊編者，＊＊監修者）

金井篤子（かない　あつこ）＊・＊＊
名古屋大学大学院教育発達科学研究科教授
担当：第1章，第12章

光永悠彦（みつなが　はるひこ）
名古屋大学大学院教育発達科学研究科准教授
担当：第2章

石井秀宗（いしい　ひでとき）
名古屋大学大学院教育発達科学研究科教授
担当：第3章

清河幸子（きよかわ　さちこ）
東京大学大学院教育学研究科准教授
担当：第4章

中谷素之（なかや　もとゆき）
名古屋大学大学院教育発達科学研究科教授
担当：第5章

小塩真司（おしお　あつし）
早稲田大学文学学術院教授
担当：第6章

吉崎一人（よしざき　かずひと）
愛知淑徳大学心理学部教授
担当：第7章

溝川　藍（みぞかわ　あい）
名古屋大学大学院教育発達科学研究科准教授
担当：第8章

平石賢二（ひらいし　けんじ）
名古屋大学大学院教育発達科学研究科教授
担当：第9章

西田裕紀子（にした　ゆきこ）
国立研究開発法人国立長寿医療研究センター老化疫学研究部室長
担当：第10章

五十嵐　祐（いがらし　たすく）
名古屋大学大学院教育発達科学研究科准教授
担当：第11章

森田美弥子（もりた　みやこ）＊＊
中部大学人文学部教授
名古屋大学名誉教授

松本真理子（まつもと　まりこ）＊＊
名古屋大学心の発達支援研究実践センター教授

心の専門家養成講座　第5巻
心理臨床実践のための心理学
2021 年 3 月 31 日　初版第 1 刷発行　（定価はカヴァーに表示してあります）

監修者　森田美弥子
　　　　松本真理子
　　　　金井　篤子
編　者　金井　篤子
発行者　中西　　良
発行所　株式会社ナカニシヤ出版
〒606-8161　京都市左京区一乗寺木ノ本町15番地
　　　　　　　Telephone　　075-723-0111
　　　　　　　Facsimile　　075-723-0095
　　Website　http://www.nakanishiya.co.jp/
　　E-mail　iihon-ippai@nakanishiya.co.jp
　　　　　　郵便振替　01030-0-13128

装幀＝白沢　正／印刷・製本＝西濃印刷㈱
Copyright © 2021 by A. Kanai
Printed in Japan.
ISBN978-4-7795-1559-0